누구나 꼭 알아야 할

기본법률상식

김동근 · 최나리 공저

 법률출판사

들어가는 글

우리는 일상적인 생활을 영위하는 중에도 무수히 많은 법률문제와 맞닥뜨리곤 합니다. 그 대부분은 가벼운 형사사건 및 민사적 분쟁들입니다. 이러한 문제를 해결하기 위해서는 「형법」, 「형사소송법」, 「민법」, 「민사소송법」 등 여러 법률에 산재한 전문지식을 습득하여야 합니다. 그러나 그러한 전문지식을 모두 익히기란 쉽지 않습니다.

이 책은 우리가 일상에서 흔히 겪는 형사사건들과 민사적 분쟁들을 누구든지 스스로 해결할 수 있게 하는 데에 목적을 두었습니다. 여러 법률에 걸쳐있고 쉽지 않은 법률의 규정들 중 일상생활에서 꼭 필요한 것들만을 엄선하여 쉽게 압축·정리한 것이 그것입니다. 이에 더하여 행정심판과 행정소송, 상속, 유언 및 증여 등과 관련한 법률지식도 함께 실었습니다.

이 책은 모든 카테고리의 끝부분에 사례를 예시함으로써 누구든지 어렵지 않게 응용할 수 있도록 배려하였다는 점도 밝혀둡니다. 다소 미흡한 점이 있지만 독자 여러분께 유익한 책자가 되길 기원합니다.

차 례

Ⅰ. 형사편

1. 고소 · 고발 ·· 15

　가. 고소(告訴)에 관한 이해 ····················· 15

　나. 고소권자 ······································· 16

　다. 고소의 방법 ···································· 18

　라. 고소기간 ······································· 19

　마. 고소의 취소 ···································· 21

　바. 고소사건의 처리 절차 ························· 21

　사. 고발(告發)에 관한 이해 ····················· 24

2. 사기죄 ··· 25

　가. 형법의 규정 ···································· 25

　나. 사기죄의 구성요건 해설 ·················26

　다. 고소장(예시) ····························29

3. 횡령죄 ···32

　가. 형법의 규정 ······························32

　나. 횡령죄의 구성요건 해설 ··············33

　다. 고소장(예시) ····························35

4. 배임죄 ···38

　가. 형법의 규정 ······························38

　나. 배임죄의 구성요건 해설 ··············39

　다. 고소장(예시) ····························41

5. 모욕죄 ···45

　가. 형법의 규정 ······························45

　나. 모욕죄의 구성요건 해설 ··············45

　다. 고소장(예시) ····························46

6. 명예훼손죄 ···································49

　가. 형법의 규정 ······························49

　나. 명예훼손죄의 구성요건 해설 ·········50

　다. 고소장(예시) ····························52

7. 협박죄 ···55

　가. 형법의 규정 ······························55

　나. 협박죄의 구성요건 해설 ··············55

　다. 고소장(예시) ····························56

8. 폭행죄 ···59

　가. 형법의 규정 ··59

　나. 폭행죄의 구성요건 해설 ·················60

　다. 고소장(예시) ·····································61

9. 상해죄 ···63

　가. 형법의 규정 ··63

　나. 상해죄의 구성요건 해설 ·················65

　다. 고소장(예시) ·····································66

10. 강제추행죄 ···69

　가. 형법의 규정 ··69

　나. 강제추행죄의 구성요건 해설 ·········70

　다. 고소장(예시) ·····································73

11. 절도죄 ···75

　가. 형법의 규정 ··75

　나. 절도죄의 구성요건 해설 ·················76

　다. 고소장(예시) ·····································78

12. 공갈죄 ···81

　가. 형법의 규정 ··81

　나. 공갈죄의 구성요건 해설 ·················81

　다. 고소장(예시) ·····································83

13. 강요죄 ···86

　가. 형법의 규정 ··86

　　나. 강요죄의 구성요건 해설 ·················86

　　다. 고소장(예시) ·······················88

14. 강제집행면탈죄 ·······················91

　　가. 형법의 규정 ·······················91

　　나. 강제집행면탈죄의 구성요건 해설 ···········91

　　다. 고소장(예시) ·······················92

15. 무고죄 ···························95

　　가. 형법의 규정 ·······················95

　　나. 무고죄의 구성요건 해설 ················95

　　다. 고소장(예시) ·······················97

16. 위증죄 ···························100

　　가. 형법의 규정 ·······················100

　　나. 위증죄의 구성요건 해설 ················101

　　다. 고소장(예시) ·······················101

17. 김영란법 ·························105

　　가. 김영란법에 관한 이해 ·················105

　　나. 김영란법을 적용받는 사람의 범위 ···········106

　　다. 금품등의 범위 ·······················109

　　라. 김영란법을 적용받지 않는 행위 ···········110

　　마. 금품등의 수수 금지 ···················111

　　바. 신고자 등의 보호·보상 ················114

Ⅱ. 민사편

1. 내용증명우편 ··121

　가. 내용증명우편에 관한 이해 ······························121

　나. 내용증명우편의 필요성 ···································122

　다. 내용증명우편의 위험성 ···································123

　라. 내용증명우편(예시) ·······································125

2. 재산 소유의 주체 ···127

　가. 자연인 ···127

　나. 법인 ···128

　다. 종중(문중) ··129

3. 대리제도 ··129

　가. 대리제도에 관한 이해 ···································129

　나. 대리행위의 효력 ···130

　다. 대리권의 범위 ··130

　라. 복대리(複代理) ··131

　마. 부부의 가사대리권(家事代理權) ······················132

　바. 위임장(예시) ··133

4. 채권(債權)의 소멸시효 ···135

　가. 1년 단기소멸시효 채권 ··································135

　　나. 3년 단기소멸시효 채권 ·····················135

　　다. 통상의 소멸시효 10년 ·····················136

　　라. 상인에게 적용하는 소멸시효 5년 ···········137

5. 물권(物權) ······································137

　　가. 유치권(留置權) ····························137

　　나. 근저당권 ·································138

6. 재산의 공동소유 ································140

　　가. 공유(共有) ·······························140

　　나. 합유(合有) ·······························141

　　다. 총유(總有) ·······························142

7. 부부재산 ······································142

8. 채무불이행 ····································143

　　가. 계약의 해지·해제에 관한 이해 ···········143

　　나. 여러 종류의 해제권 ·······················143

　　다. 해지·해제권의 불가분성 ·················144

　　라. 해제권 행사의 효과 ·······················144

　　마. 해제권의 소멸 ····························145

　　바. 채무불이행에 따른 손해배상 ···········146

9. 불법행위 및 손해배상 ·························147

　　가. 불법행위에 관한 이해 ·····················147

　　나. 책임능력 ·································147

　　다. 손해배상의 내용 ·························147

　　라. 손해를 배상할 특별한 책임자 ·················148

　　마. 손해배상청구권의 소멸시효 ···················151

10. 민사소송절차 ··151

　　가. 통상의 민사소송절차 ··························151

　　나. 소액사건절차 ···································165

　　다. 지급명령절차 ·································167

Ⅲ. 행정편

1. 민원(民願) ··175

　　가. 정보공개청구 ···································175

　　나. 진정·탄원 ······································181

　　다. 청원(請願) ·····································184

2. 행정심판·행정소송 ···································186

　　가. 행정심판 ·······································186

　　나. 행정소송 ·······································196

Ⅳ. 그 밖의 법률상식

1. 이혼 · 재산분할 ·······················205
   가. 협의이혼 ·······················205
   나. 재판상이혼 ·······················207
   다. 재산분할 ·······················211

2. 상속 · 유언 ·······················212
   가. 상속순위 ·······················212
   나. 상속분(相續分) ·······················213
   다. 상속의 한정승인(限定承認) 및 포기 ···········214
   라. 유언 ·······················218
   마. 유증(遺贈) · 유류분(遺留分) ·············223
   바. 상속회복청구권 ·······················225
   사. 상속재산의 분할 ·······················226

3. 증여 ·······················230
   가. 증여의 뜻 ·······················230
   나. 증여의 해제 ·······················230
   다. 특수한 증여 ·······················231

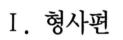

Ⅰ. 형사편

1. 고소 · 고발

가. 고소(告訴)에 관한 이해

고소는 범죄의 피해자 또는 피해자와 일정한 관계에 있는 사람이 수사기관(경찰, 검찰)에 대하여 범죄를 신고하면서 범인의 처벌을 요구하는 의사표시이다. 이 신고 내용을 문서로 표시한 것이 '고소장'이다.

고소장을 수사기관에 제출하는 목적은 피고소인을 처벌받게 하려는 것이다. 피고소인이 속칭 '법률미꾸라지'와 같은 사람일지라도 법망에서 빠져나가지 못하게 하려면 피고소인이 저지른 행위가 어떤 죄에 해당하는지를 명확하게 밝혀주는 고소장을 작성할 필요가 있다.

고소장을 제출한 뒤에 여러 차례에 걸쳐 수사기관에 출석하는 번거로움(괴로움)을 겪은 경험이 있는 고소인도 많다. 고소 내용이 정확하지 않거나 정리되지 아니한 고소장을 제출하였기 때문일 것이다. 흔치는 않지만 고소장을 제출한 후 피고소인이 처벌을 받기보다는 오히려 고소인이 '무고죄'로 처벌을 받는 경우도 있다. 이 경우는 아마도 터무니없는 내용(허위사실)을 적은 고소장을 제출하였을 것이다.

범죄의 피해자이면서도 고소를 꺼리는 사례도 꽤 많이 있다. 고소의 방식과 절차 및 고소 이후에 진행되는 사건의 처리 과정 등을 정확히 이해하지 못하기 때문일 것이다. 고소를 할 수 있는 사람은 누구인가? 이는 고소권자에 관한 질문이다.

나. 고소권자

고소의 근거를 규정한 「형사소송법」 제223조는 "범죄로 인한 피해자는 고소할 수 있다."고 규정하는 한편 제224조는 "자기 또는 배우자의 직계존속을 고소하지 못한다."고 규정하였다. 제224조는 자기나 배우자의 직계존속을 고소하는 행위는 패륜행위(悖倫行爲)이므로, 허용할 수 없다고 보아 마련한 규정이다.

위 규정에 의하면 범죄의 피해자는 고소권자임이 명백하다. 그런데 고소권자가 미성년자(19세 미만인 사람), 피성년후견인1), 피특정후견인2) 및 피한정후견인3) 등 제한능력자(민법 제5조 내지 제14조의2 참조)인 경우에는 고소권자가 누구인가의 문제가 있다.

위 법 제225조 제1항은 "피해자의 법정대리인은 독립하여 고소할 수 있다."고 규정하였다. 여기의 법정대리인이라 함은 미성년자의 친권자(부모), 성년후견인, 특정후견인 및 한정후견인을 말한다. 그런데 피해

---

1) 피성년후견인 : 가정법원은 질병, 장애, 노령, 그 밖의 사유로 인한 정신적 제약으로 사무를 처리할 능력이 지속적으로 결여된 사람에 대하여 본인, 배우자, 4촌 이내의 친족, 미성년후견인, 미성년후견감독인, 한정후견인, 한정후견감독인, 특정후견인, 특정후견감독인, 검사 또는 지방자치단체의 장의 청구에 의하여 성년후견개시의 심판을 한다(「민법」 제9조 제1항).
2) 피특정후견인 : 가정법원은 질병, 장애, 노령, 그 밖의 사유로 인한 정신적 제약으로 일시적 후원 또는 특정한 사무에 관한 후견이 필요한 사람에 대하여 본인, 배우자, 4촌 이내의 친족, 미성년후견인, 미성년후견감독인, 검사 또는 지방자치단체의 장의 청구에 의하여 특정후견의 심판을 한다(민법 제14조의2 제1항).
3) 피한정후견인 : 가정법원은 질병, 장애, 노령, 그 밖의 사유로 인한 정신적 제약으로 사무를 처리할 능력이 부족한 사람에 대하여 본인, 배우자, 4촌 이내의 친족, 미성년후견인, 미성년후견감독인, 성년후견인, 성년후견감독인, 특정후견인, 특정후견감독인, 검사 또는 지방자치단체의 장의 청구에 의하여 한정후견개시의 심판을 한다(「민법」 제12조 제1항).

자의 법정대리인이나 그 법정대리인의 친족이 피의자(가해자)인 경우에는 곤란한 문제가 발생할 수 있다. 피해자의 법정대리인이 자기가 가진 고소권을 행사하지 아니할 수도 있기 때문이다. 이러한 경우를 대비하여 위 법 제226조는 "피해자의 법정대리인이 피의자이거나 법정대리인의 친족4)이 피의자인 때에는 피해자의 친족은 독립하여 고소할 수 있다."고 규정함으로써 이를 해결하였다.

범죄의 피해자가 이미 사망하였으나 아직 범죄의 공소시효(公訴時效 : 범죄를 저지른 후 일정한 기간이 지나면 범죄자에 대한 공소를 제기할 수 없는 제도)가 완성되지 아니한 경우에는 고소권자가 없는가?
위 법 제225조 제2항은 "피해자가 사망한 때에는 그 배우자, 직계친족 또는 형제자매는 고소할 수 있다. 단, 피해자의 명시한 의사에 반하지 못한다."고 규정하여 이 문제를 해결하였다. 여기에서는 위 단서규정의 문언 중 '명시한 의사'에 주목해야 하겠다. 명시한 의사란 범죄의 피해자가 '죽기 전에 밝힌 뜻'을 말한다. 이른바 '반의사불벌죄(反意思不罰罪)5)'의 규정이다. 따라서 피해자가 생전에 처벌불원 의사를 표시하였을 때에는 배우자 등은 고소를 할 수 없다.

죽은 사람에게도 명예는 있다. 죽은 사람에 대한 명예를 훼손하는 범

---

4) 친족(親族) : 8촌 이내의 혈족(血族), 4촌 이내의 인척(姻戚) 및 배우자를 말한다(「민법」 제777조).
5) 반의사불벌죄(反意思不罰罪) : 피해자의 명시한 의사에 반(反)하여 공소(公訴)를 제기할 수 없는 범죄를 말한다. 즉, 피해자가 피의자의 처벌을 원하지 않으면 검사가 공소제기를 할 수 없는 범죄를 말한다.

죄를 '사자명예훼손죄(死者名譽毀損罪)'라고 한다. 이 죄의 고소권자는 누구인가? 위 법 제227조는 "사자의 명예를 훼손한 범죄에 대하여는 그 친족 또는 자손은 고소할 수 있다."고 규정하였다.

피해자의 고소가 없으면 검사가 범인(犯人)을 기소(起訴 : 공소제기)할 수 없는 범죄를 '친고죄(親告罪)'라고 부르며, 여기에 해당하는 범죄로는 모욕죄와 사자명예훼손죄가 대표적인 것이다. 위 법 제228조는 "친고죄에 대하여 고소할 자가 없는 경우에 이해관계인의 신청이 있으면 검사는 10일 이내에 고소할 수 있는 자를 지정하여야 한다."고 규정하였다.

고소는 대리인으로 하여금 하게 할 수도 있다(위 법 제236조). 고소대리인은 대리권을 증명하는 문서인 위임장(위임인의 인감증명서 포함)을 제출하여야 함은 두말할 나위가 없다. 다음에는 고소의 방법을 살펴본다.

다. 고소의 방법

고소는 어떠한 방법으로 해야 하나? 피해자 등이 고소를 할 때에는 '고소장'을 작성하고, 이를 사법경찰관 또는 검사에게 제출하여야 한다. 즉 경찰청, 지방경찰청 및 경찰서 또는 대검찰청, 지방검찰청 및 지방검찰청의 지청에 고소장을 제출하여야 한다. 다만, 검사는 부패범죄, 경제범죄에 대해서는 직접 수사할 수 있고(「검찰청법」 제4조 제1

항 제1호, 「검사의 수사개시 범죄 범위에 관한 규정」 제2조), 「근로기준법」, 「산업재해보상보험법」 등 고용 및 노동에 관한 사건은 고용노동부 산하 지방노동사무소의 특별사법경찰관인 근로감독관과 검사가 수사를 전담한다(「근로기준법」 제105조).

고소장은 해당 수사기관의 민원실에 직접 제출하거나 우편 송부하면 된다.

라. 고소기간

「형사소송법」 제230조 제1항은 "친고죄에 대하여는 범인을 알게 된 날로부터 6월을 경과하면 고소하지 못한다. 단, 고소할 수 없는 불가항력의 사유가 있는 때에는 그 사유가 없어진 날로부터 기산한다."고 규정하였다. 이 규정은 '친고죄'에 대하여만 적용하는 고소기간이다. 불가항력(不可抗力)이란 고소인이 감금된 경우 등을 생각할 수 있을 것이다.

동일한 범죄행위에서 여러 사람이 피해를 입은 경우처럼 고소권자가 복수인 경우도 있다. 이러한 경우에는 고소권자 한 사람이 고소기간을 지키지 않더라도 다른 사람의 고소에는 영향이 없다(위 법 제231조).

친고죄에 해당하지 아니하는 범죄에는 정해진 고소기간은 없다. 다만, 각 죄마다 정해진 공소시효가 완성한 경우에는 고소의 실익이 없을 뿐이다. 공소시효가 완성된 범죄는 검사가 '공소권없음'이라는 불기소(不起訴) 결정을 하게 되기 때문이다. 공소시효는 형법이 규정한 해당 범죄의 법정형(法定刑) 중 가장 무거운 형벌을 기준으로 다음 표에서 정하고 있는 기간이 경과하면 완성한다.

공소시효의 기간

1. 사형에 해당하는 범죄는 25년

2. 무기징역 또는 무기금고에 해당하는 범죄는 15년

3. 장기 10년 이상의 징역 또는 금고6)에 해당하는 범죄는 10년

4. 장기 10년 미만의 징역 또는 금고에 해당하는 범죄는 7년

5. 장기 5년 미만의 징역 또는 금고, 장기 10년 이상의 자격정지7) 또는 벌금에 해당하는 범죄는 5년

6. 장기 5년 이상의 자격정지에 해당하는 범죄는 3년

7. 장기 5년 미만의 자격정지, 구류8), 과료9) 또는 몰수10)에 해당하는 범죄는 1년

---

6) 금고(禁錮) : 금고는 징역형과 유사한 자유형의 하나이나, 징역형과 다른 점은 강제노역을 시키지 않는 점이다.
7) 자격정지 : 자격정지는 공무원이 될 자격, 공법상(公法上)의 선거권과 피선거권, 공적인 업무를 수행할 자격 등을 정지시키는 형벌을 말한다.
8) 구류(拘留) : 구류는 1일 이상 30일 미만 동안의 범위에서 구금(拘禁 : 잡아 가둠)하는 자유형을 말한다.
9) 과료(科料) : 과료는 가벼운 죄를 저지른 사람에게 과하는 재산형의 일종이다. 과태료는 행정상의 제재이고, 과료는 형벌이므로 이는 구별하여야 한다.
10) 몰수(沒收) : 몰수는 압수한 금품을 처분하여 금전을 국고(國庫)에 귀속시키는 처분이다.

마. 고소의 취소

이미 실행한 고소는 취소할 수도 있다. 다만, 고소의 취소는 범죄자에 대한 제1심 판결이 선고되기 전까지만 할 수 있다. 그리고 고소를 취소한 피해자는 동일한 내용으로는 다시 고소할 수 없다(위 법 제232조). 고소의 취소를 신중히 해야 하는 이유이다.

친고죄에서 여러 명의 공범11)이 있는 경우에 1인의 범죄자 또는 일부의 범죄자에 대한 고소 또는 고소의 취소는 나머지 공범자들에게도 효력이 있다. 즉 모든 공범자에 대한 고소 또는 고소의 취소가 있는 것으로 취급된다(위 법 제233조). 이를 '고소불가분(告訴不可分)의 원칙'이라고 한다.

바. 고소사건의 처리 절차

수사기관이 고소를 접수하면 먼저 고소인의 진술을 듣는다. 이때에는 진술조서를 작성한다. 고소인의 진술에는 횟수에 제한이 없다. 따라서 고소의 내용은 명확하고도 진실하여야 한다. 그렇지 못하여 수사관(사법경찰관)이 고소의 내용을 쉽게 파악할 수 없는 경우에는 고소인을 여러 차례 불러서 진술할 것을 요구할 수도 있기 때문이다.

사법경찰관이 수사를 종결하고 범죄의 혐의가 있다고 인정되는 경우에

---

11) 공범(共犯) : 공범은 공동정범, 교사범 및 방조범을 합하여 부르는 말이다. '공동정범(共同正犯)'은 2인 이상이 공동하여 죄를 범한 때의 범인을 말하고, '교사범(敎唆犯)'은 범죄를 실행할 의사가 없는 사람을 꾀어서 범죄를 저지르게 한 범인을 말하며, '종범(從犯)'은 타인이 범죄를 실행할 때 직접 또는 간접적으로 도움을 준 범인을 말한다.

는 지체없이 검사에게 사건을 송치하고 관계서류와 증거물을 보낸다(형사소송법 제245조의5 제1호). 이를 '기소의견 송치 결정'이라고 한다. 그 밖의 경우에는(범죄의 혐의가 없는 경우 등) 그 이유를 명시한 서면과 함께 관계서류와 증거물을 지체없이 검사에게 보낸다(같은 법 제245조의5 제2호). 이를 '불송치 결정'이라고 한다.

그러면 검사는 사법경찰관이 '기소의견 송치 결정'한 사건에 대해서는 직접 보완수사하거나 사법경찰관에게 보완수사를 요구하여 수사가 종결되면 기소(공소제기)하거나 뒤에서 살펴볼 '혐의없음' 등의 불기소 결정을 함으로써 사건 처리를 마치게 된다(같은 법 제197조의2 제1항 제1호). 한편 검사는 사법경찰관이 '불송치 결정'한 사건에 대해서는 관계서류 등을 받은 날부터 90일 내에 검토하여 사법경찰관에게 반환하거나, 사건을 불송치 결정한 것이 위법 또는 부당한 때에는 사법경찰관에게 재수사를 요구하여(같은 법 제245조의5 제2호) 수사가 종결되면 사법경찰관의 '기소의견 송치결정', '불송치 결정'에 따라 위와 같은 순서로 사건을 처리한다.

그런데 피고소인의 처벌을 바라고 고소하였던 고소인으로서는 사법경찰관의 '불송치 결정'에 대해 상당히 실망스러울 것이다. 그래서 사법경찰관이 '불송치 결정'을 한 경우에는 7일 이내에 고소인 등에게 서면으로 송치하지 아니하는 취지와 그 이유를 통지하여야 하는데, 사법경찰관의 '불송치 결정'에 불복하는 고소인 등은 위 통지를 받은 날부터 7일 이내에 '불송치 결정'을 한 사법경찰관 소속 수사기관 민원실에 '불송치 결정 이의신청서'를 제출하면 된다.

이때 고소인 등의 '불송치 결정' 이의 신청을 받은 사법경찰관은 지체 없이 검사에게 사건을 송치하여야 하며(같은 법 제245조의6, 제245조의7), 사건을 송치받은 검사는 직접 보완수사를 하여 수사가 종결되면 위와 같이 사건을 처리한다.

기소는 재판절차에 회부하는 것을 말하는데, 이는 '공소제기'의 줄임말이다. 재판절차는 약식절차와 정식절차로 구분이 되는데, 약식절차는 수사기록만을 심사하는 이른바 '서류재판'이다.

수사한 결과 공소를 제기할 수 없다고 판단하면 검사는 불기소의 결정을 한다. 불기소의 종류에는 '혐의없음', '기소중지', '공소권없음', '기소유예' 등이 있다.

'혐의없음'은 수사한 결과 피고소인에 대하여 인정할 만한 죄를 발견할 수 없거나 죄가 인정되는 경우에도 증거가 명백하지 아니한 때에 하는 결정이다.

'기소중지'는 피고소인의 소재를 알 수 없거나 사건의 해결에 중요한 참고인의 진술을 들을 수 없는 경우 등에 하는 결정이다. 이는 나중에 피고소인의 소재를 알게 되는 등 수사를 재개할 수 있는 상태가 되면 재기수사(再起搜査)를 하겠다는 취지의 결정이다.

'공소권없음'은 공소시효가 완성된 경우, 친고죄에서 고소가 취소된 경우 및 반의사불벌죄에서 피해자가 처벌을 원치 않는 경우에 하게 되는 결정이다.

'기소유예'는 수사한 결과 피고소인에 대하여 죄가 인정되고, 그에 상응하는 증거도 있지만 피고소인의 연령, 직업, 고소인과의 관계 등 여러 정상(情狀)을 참작하여 벌하지 않겠다는 취지로 하는 결정을 말한다. 이는 비교적 가벼운 범죄에만 적용된다.

사. 고발(告發)에 관한 이해

「형사소송법」 제234조 제1항은 "누구든지 범죄가 있다고 사료하는 때에는 고발할 수 있다."고 규정하였다.

범죄의 피해자 아닌 모든 제3자는 범죄를 신고함으로써 수사를 촉구할 수 있는데, 이를 '고발'이라고 한다. 이는 일반인에게는 의무가 아니지만, 공무원은 범죄의 혐의를 발견한 때에는 고발할 의무가 있다. 고발의 방식과 그 취소 등은 고소의 경우와 크게 다르지 않다.

고발장은 고소장에 준하여 작성하면 된다. 고소장의 예시는 뒤에서 검토하는 각 형법상 범죄마다 소개한다.

2. 사기죄

가. 형법의 규정

제347조(사기) ① 사람을 기망하여 재물의 교부를 받거나 재산상의 이익을 취득한 자는 10년 이하의 징역 또는 2천만원 이하의 벌금에 처한다.

② 전항의 방법으로 제삼자로 하여금 재물의 교부를 받게 하거나 재산상의 이익을 취득하게 한 때에도 전항의 형과 같다.

제347조의2(컴퓨터등 사용사기) 컴퓨터등 정보처리장치에 허위의 정보 또는 부정한 명령을 입력하거나 권한 없이 정보를 입력·변경하여 정보처리를 하게 함으로써 재산상의 이익을 취득하거나 제3자로 하여금 취득하게 한 자는 10년 이하의 징역 또는 2천만원 이하의 벌금에 처한다.

제348조(준사기) ① 미성년자의 지려천박 또는 사람의 심신장애를 이용하여 재물의 교부를 받거나 재산상의 이익을 취득한 자는 10년 이하의 징역 또는 2천만원 이하의 벌금에 처한다.

② 전항의 방법으로 제삼자로 하여금 재물의 교부를 받게 하거나 재산상의 이익을 취득하게 한 때에도 전항의 형과 같다.

제348조의2(편의시설부정이용) 부정한 방법으로 대가를 지급하지 아니하고 자동판매기, 공중전화 기타 유료자동설비를 이용하여 재물 또는 재산상의 이익을 취득한 자는 3년 이하의 징역, 500만원 이하의 벌금, 구류 또는 과료에 처한다.

제349조(부당이득) ① 사람의 궁박한 상태를 이용하여 현저하게 부당한 이익을 취득한 자는 3년 이하의 징역 또는 1천만원 이하의 벌금에 처한다.
② 전항의 방법으로 제삼자로 하여금 부당한 이익을 취득하게 한 때에도 전항의 형과 같다.

나. 사기죄의 구성요건 해설

사기죄의 <u>구성요건12)</u> 중 키워드는 '기망(欺罔)', '재물(財物)', '재산상

---

12) 구성요건(構成要件) : 범죄가 성립하기 위해서는 범죄의 구성요건에 해당하고, 위법한 행위로 평가되어야 한다. 여기의 '범죄의 구성요건'이란 「형벌법규에 규정된 위법한 행위의 유형」이라고 정의할 수 있고, 이 유형에 해당하는 때에는 위법성조각사유(違法性阻却事由 : 위법하지 아니한 것으로 취급하는 특별한 사유)가 없는 한 위법성이 인정된다.
이렇게 성립한 범죄의 행위자를 처벌하기 위해서는 그 행위자에게 책임을 물을 수 있어야 한다. 책임을 묻는다 함은 합법적으로 행위할 수 있었음에도 불구하고 위법하게 행위한 데 대한 비난가능성을 말한다. 즉 책임조각사유(責任阻却事由 : 행위 당시의 상황이 비정상적이기 때문에 행위자가 적법행위를 할 것을 기대할 수 없는 특수한 경우)가 없어야 한다. 책임조각사유에 해당하는 경우로는 14세 미만의 형사미성년자, 심신

이익' 및 '재물의 교부'이다.

'기망'은 사람을 속이는 것이다. 즉 상대방을 착오에 빠지게 하는 것을 말한다. 이를 더 구체적으로 말하자면, 상대방이 그릇된 사실을 진실로 믿은 나머지 재물(財物) 또는 재산상 이익을 처분하게 할 정도로 속이는 행위이다. 적극적으로 속이는 경우를 작위(作爲)에 의한 기망이라 하고, 이와는 달리 어떠한 사실을 알려야 할 의무가 있는 사람이 이를 알리지 아니함으로써 상대방을 속인 것과 동등하게 평가될 수 있는 경우를 부작위(不作爲)에 의한 기망이라고 한다. 가령 갑이 자기 소유의 부동산을 을에게 팔고자 할 때 A가 갑을 상대로 자기의 소유권을 주장하는 소(訴)를 제기한 상태임에도 불구하고, 이 사실을 알지 못하는 을에게 이에 관한 설명을 하지 아니한 채 을과의 사이에 매매계약을 체결하는 경우 갑의 행위는 부작위에 의한 기망으로 평가되어 사기죄가 성립할 수 있다. 금전을 차용함에 있어 용도(用度)를 속이는 경우 또는 장래의 지불능력을 과장하는 경우도 마찬가지이다.

'재물'이라 함은 재산적 가치가 있는 물건을 말한다. '재산적 가치'는 기망행위자에게는 객관적인 가치가 없더라도 피해자에게는 주관적인 가치가 있는 물건이면 재물에 해당한다. '물건'은 금전뿐만 아니라 경제적인 가치를 지닌 모든 유체물(有體物)을 말한다.

'재산상 이익'은 이를 피해자의 입장에서 파악하면, 이는 '재산상 손해'

상실자, 친족 사이의 증거인멸 등이 있다.

를 의미한다. 처분행위 당시와 처분행위 이후의 재산적 가치를 전체가치로 평가할 때 전체가치가 감소한 만큼을 피해자의 입장에서 평가하면 재산상 손해가 되고, 가해자(범죄자)의 입장에서 평가하면 재산상 이익이 될 것이다.

'재물의 교부'는, 이를 달리 표현하면 '처분행위'를 말한다. 여기에서 말하는 처분행위는 금전이나 물건을 직접 주는 경우뿐만 아니라 채무를 면제해주는 경우 또는 채무의 변제기한(갚는 시기)을 연장해주는 경우를 포함한다.

사기죄는 미수범(未遂犯)을 처벌한다(제352조). 미수범은 범죄행위자가 범죄의 실행(實行), 즉 사기죄의 기망행위에는 착수하였으나 그 뜻을 이루지 못하여 재산상의 이익을 취득하지 못한 경우를 말한다. 범죄를 완성하고자 의도했지만, 완성하지 못한 경우를 뜻한다.

친족 사이에 사기죄를 범한 때에는 고소가 있어야 공소(公訴)를 제기할 수 있는 친고죄이다. 친족관계가 없는 자가 공범으로 가담한 때에는 그러한 친족이라는 신분이 없는 공범자에게는 친고죄 규정이 적용되지 않는다.

사기죄를 저지른 사람이 그 범죄행위로 인하여 취득하거나 제3자로 하여금 취득하게 한 재물 또는 재산상의 이익의 가액이 5억원 이상 50억원 미만일 때에는 3년 이상의 유기징역에 처하고, 50억원 이상인 때에는 무기 또는 5년 이상의 유기징역에 처한다(「특정경제범죄 가중처벌 등에 관한 법률」 제3조).

다. 고소장(예시)

고　소　장

고 소 인　　성명 :

주민등록번호 :

주소 :

전자우편주소 :

전화번호 :

피고소인　　성명 :

주민등록번호 :

주소 :

전화번호 :

고　소　취　지

고소인은 피고소인에 대하여 사기죄로 고소하오니 피고소인을 엄히 벌하여 주시기 바랍니다.

고소사실 및 이유

고소인과 피고소인은 ○○시 ○○구 ○○동에서 각자 일반음식점을 운영하는 이웃이었습니다.

피고소인은 2023. 1. 1. ○○:○○ 경 고소인을 찾아와 저가의 급매물로 나온 부동산을 매입하려 한다면서 돈 50,000,000원을 빌려달라고 말하였습니다. 위 돈을 갚는 시기는 차용일로부터 6개월 이내로 하고, 매월 5%의 이자를 지급한다고 약속하였습니다.

고소인은 피고소인의 위 말을 믿고 그 즉시 돈 50,000,000원을 대여하였습니다. 그런데 피고소인은 그로부터 1개월도 지나지 않아 자신이 운영하던 일반음식점을 폐쇄하고 야반도주를 했으므로, 주소지에 찾아가 보았으나 그 주소지에는 거주한 사실도 없었음을 확인하였습니다.

피고소인이 고소인에게 접근하여 차용의 명목으로 돈을 받아 가로챈 일련의 과정을 돌이켜보면 피고소인은 처음부터 갚을 생각이나 갚을 능력이 없으면서도 고소인을 속여 경제적 이득을 취득한 것이 분명하다고 판단하게 되었습니다. 따라서 이 고소장을 제출하오니 피고소인을 붙잡아 처벌하여 주시기 바랍니다.

첨 부 서 류

차용증 사본   1통.

2023. 1. 20.

고소인   ○   ○   ○(인)

○○경찰서장 귀하

※ 고소인과 피고소인에 관한 정보는 수사기관에서 조사를 함에 애로가 없도록 가능하면 많은 정보를 적어준다.

※ 고소사실 및 이유는 고소장을 받은 수사기관에서 의문이 없을 정도로 상세한 내용을 적어주되, 가능한 범위 내에서 6하원칙(누가, 언제, 어디에서, 무엇을, 어떻게, 왜)에 입각하여 간결체·건조체의 문장으로 기재한다.

※ 첨부서류는 피고소인의 범죄를 입증(立證)함에 필요한 자료의 복사본을 덧붙인다.

※ 금전을 차용한 행위가 사기죄를 구성하는 경우의 대부분은 '갚을 능력을 속이는 경우' 및 '금전의 사용처(용도)를 속이는 경우'이다.

※ 사기죄의 공소시효는, 편취(騙取 : 재물 또는 재산상 이익을 속여서 취득함)한 재물 또는 재산적 이익의 합계액이 5억원 미만인 경우에는 10년, 5억원 이상인 경우에는 15년이 지나면 완성된다. 공소시효는 범죄행위를 종료한 때부터 기산(起算)하며, 검사가 공소를 제기한 때부터는 진행이 정지된다.

※ 민사 관련 서류를 법원에 제출할 때와는 달리 수사기관에 고소장을 제출

할 때에는 비용은 지출하지 않는다.

※ 위 예시와 같이 피고소인의 소재지를 알 수 없고, 수사기관에서 피고소인과 연락할 방법이 없는 경우에는 수사기관은 법원으로부터 체포영장을 발부받은 다음 지명통보(경찰의 전산망에 수배하는 조치)를 하고, 검사는 수사사건에 관하여 기소중지(起訴中止)라는 결정을 한다. 기소중지는 나중에 피고소인의 소재를 알게 되면 재기수사(再起搜査)를 하겠다는 취지의 불기소(不起訴) 결정이다.

3. 횡령죄

가. 형법의 규정

제355조(횡령, 배임) ① 타인의 재물을 보관하는 자가 그 재물을 횡령하거나 그 반환을 거부한 때에는 5년 이하의 징역 또는 1천500만원 이하의 벌금에 처한다.

제356조(업무상의 횡령과 배임) 업무상의 임무에 위배하여 제355조의 죄를 범한 자는 10년 이하의 징역 또는 3천만원 이하의 벌금에 처한다.

제360조(점유이탈물횡령) ① 유실물, 표류물 또는 타인의 점유를 이탈한 재물을 횡령한 자는 1년 이하의 징역이나 300만원 이하의

벌금 또는 과료에 처한다.

② 매장물을 횡령한 자도 전항의 형과 같다.

나. 횡령죄의 구성요건 해설

횡령죄의 구성요건에서 키워드는 '타인의 재물', '보관하는 자', '횡령', '반환 거부'이다.

'타인의 재물'은 자기의 재물이 아닌 것으로서 재산상 가치가 있는 모든 물건을 말한다. 타인은 법인(法人)이든 자연인이든 묻지 않는다. 자기와 타인이 동업 관계에 있는 재산은 타인의 재산으로 취급된다.

'보관하는 자'란 물건을 위탁받아 점유하는 자를 의미한다. 횡령죄의 본질은 신임관계를 배신하는 행위를 범하는 것이다. 따라서 재물의 소유자가 위탁하지 아니한 물건을 보관하는 사람이 그 물건을 횡령하거나 반환을 거부하는 경우에는 다른 죄가 성립할 수는 있을지언정 횡령죄를 구성하지는 않는다.

형법학계에서는 '횡령(橫領)'이란 '불법영득의사(不法領得意思)'를 객관적으로 인식할 수 있는 방법으로 표현하는 행위라고 설명한다. 불법영득의 의사는 자기가 보관하는 타인의 재물을 불법이라는 점을 인식하면서도 자기의 소유로 만들겠다는 의사를 객관적으로 표시하는 행위라고 정리할 수 있다.

'반환 거부'라고 함은 보관자에게 반환하지 못할 사정이 없고, 반환하지 아니할 정당한 사유도 없으면서 소유자에게 반환하지 않는, 즉 불법영득의 의사를 표출하는 행위를 말한다.

횡령죄의 미수범(未遂犯)은 처벌한다. 다만, 그 처벌에 있어서는 기수범(旣遂犯 : 완성한 범죄)의 형에서 2분의 1을 감경할 수 있다. 횡령죄뿐만 아니라 모든 범죄의 미수범은 법정형(法定刑)에서 2분의 1을 감경할 수 있다.

친족 사이에 횡령죄를 범한 때에는 고소가 있어야 공소(公訴)를 제기할 수 있는 친고죄(親告罪)이다. 친족관계가 없는 자가 공범으로 가담한 때에는 그러한 친족이라는 신분이 없는 공범자(共犯者)에게는 친고죄 규정이 적용되지 않는다.

다. 고소장(예시)

고 소 장

고 소 인　　성명 :

　　　　　주민등록번호 :

　　　　　주소 :

　　　　　전화번호 :

피고소인　　성명 :

　　　　　주민등록번호 :

　　　　　주소 :

　　　　　전화번호 :

고 소 취 지

고소인은 피고소인의 행위를 횡령죄라고 판단하여 고소하오니 철저한 조사를 거쳐 피고소인을 엄히 벌하여 주시기 바랍니다.

고소사실 및 이유

1. 고소인과 피고소인은 2024. 1. 1. ○○시 ○○동에 궁전컨벤션센터라는 결혼식장 겸 뷔페식당을 동업으로 시작하여 현재까지 운영을 계속하고 있습니다.

2. 위 동업에서 고소인은 홍보에 관한 업무를 맡고, 피고소인은 회계 등의 업무를 담당해왔습니다.

3. 피고소인은 2024. 09. ○. ○○:○○ 경 공동의 재산인 영업이익을 보관하고 있는 기회를 이용하여 이중 돈 50,000,000원을 5회에 걸쳐 자신의 개인적인 용도에 임의로 소비한 사실이 있습니다.

4. 고소인은 피고소인에게 위 돈을 원상회복할 것을 요구하였음에도 불구하고 피고소인은 이에 불응하고 있습니다. 따라서 피고소인을 횡령죄로 고소하오니 엄히 벌하여 주시기 바랍니다.

첨   부   서   류

1. 동업약정서 사본   1통.
2. 지출내역서 사본   5통.

2025. 1. 20.

고소인   ○ ○ ○(인)

┌───┐
│   │
│   ○○지방검찰청 검사장 귀하   │
│   │
│   │
└───┘

※ 위 예시는 '동업 관계'에서 공동으로 관리하는 금전을 동업자가 횡령한 사
  례이다. 「민법」은 동업 관계를 '조합'으로 규정하고 있다(「민법」 제703조
  이하).

※ 만약 위 예시의 내용을 「상법」이 규정하는 '익명조합(匿名組合)'의 관계에
  서 영업자가 금전을 임의로 소비한 경우로 상정한다면, 이는 횡령죄를 구
  성하지 않는다(상사분쟁은 논외로 함).
  '익명조합'은 당사자의 일방(익명조합원)이 상대방(영업자)의 영업을 위하
  여 출자(出資)하고 상대방은 그 영업으로 인한 이익을 분배할 것을 약정
  함으로써 효력이 생기는 관계를 말하며, 이러한 관계에서는 익명조합원이
  출자한 재산은 영업자의 단독 재산으로 본다(「상법」 제78조, 제79조). 익
  명조합원은 출자를 할뿐 영업에 관하여는 일체 관여하지 않기 때문이다.

※ 위 예시에서 보관자가 임의로 소비한 돈의 소유자가 법인이라고 가정하
  자. 횡령의 주체가 법인의 대표자 아닌 임·직원인 경우에는 법인의 대표
  자는 법인의 이름으로 고소할 수 있다. 그러나 횡령의 주체가 법인의 대
  표자인 경우에는 고소권을 행사할 자가 존재하지 않는다. 횡령죄의 피해
  자는 법인이기 때문이다. 이러한 경우에는 법인의 임원, 주주 등이 대표
  자를 '고발'해야 할 것이다. 다만, 공동대표를 둔 법인의 경우에는 사정이
  다를 수 있다.

※ 「형법」 제355조 제1항은 횡령죄를, 같은 법 제356조는 업무상횡령죄를 각

각 규정하였다. 업무상횡령죄는 횡령의 범죄를 저지른 자가 '업무를 처리하는 자'라는 신분(身分)을 가진 자이기 때문에 가중처벌을 하기 위하여 마련한 가중적 구성요건이다. 여기에서의 '업무'는 '계속·반복하는 사무'라고 풀이할 수 있다.

※ 횡령죄의 공소시효는 7년이고, 업무상횡령죄의 공소시효는 10년으로 완성한다. 횡령액이 5억원 이상 50억원 미만인 경우에 있어서의 공소시효는 10년, 50억원 이상인 때의 공소시효는 15년으로 완성된다(「특정경제범죄 가중처벌 등에 관한 법률」 제3조).

4. 배임죄

가. 형법의 규정

제355조(횡령, 배임) ① 타인의 재물을 보관하는 자가 그 재물을 횡령하거나 그 반환을 거부한 때에는 5년 이하의 징역 또는 1천 500만원 이하의 벌금에 처한다.

② 타인의 사무를 처리하는 자가 그 임무에 위배하는 행위로써 재산상의 이익을 취득하거나 제삼자로 하여금 이를 취득하게 하여 본인에게 손해를 가한 때에도 전항의 형과 같다.

제356조(업무상의 횡령과 배임) 업무상의 임무에 위배하여 제355조의 죄를 범한 자는 10년 이하의 징역 또는 3천만원 이하의 벌

금에 처한다.

제357조(배임수증재) ① 타인의 사무를 처리하는 자가 그 임무에 관하여 부정한 청탁을 받고 재물 또는 재산상의 이익을 취득하거나 제3자로 하여금 이를 취득하게 한 때에는 5년 이하의 징역 또는 1천만원 이하의 벌금에 처한다.

② 제1항의 재물 또는 이익을 공여한 자는 2년 이하의 징역 또는 500만원 이하의 벌금에 처한다.

③ 범인 또는 정(情)을 아는 제3자가 취득한 제1항의 재물은 몰수한다. 그 재물을 몰수하기 불가능하거나 재산상의 이익을 취득한 때에는 그 가액을 추징한다.

나. 배임죄의 구성요건 해설

배임죄의 구성요건을 검토함에 있어서는 그 키워드로 '타인의 사무를 처리하는 자', '임무에 위배하는 행위', '재산상의 이익', '본인에게 손해를 가한 때'를 살펴보아야 한다.

'타인의 사무를 처리하는 자'라 함은 타인과의 신임 관계에 의해서 그 타인이 맡겨준 사무를 처리하는 자를 의미한다. 따라서 타인으로부터 사무 처리를 위임받지 아니한 자는 신분이 없으므로, 배임죄의 주체가 될 수 없다. 즉 이 죄는 '신분범(身分犯)'이다.

여기에서 말하는 '사무'는 타인의 재산을 보호하는 것을 주된 사무로 함을 뜻한다. 따라서 단순히 부수적인 사무를 처리함에 불과한 경우에는 배임죄의 주체(主體 : 범죄자)가 되기 어렵다.

타인의 재산을 보호하는 사무가 본질적인 내용이기만 하면 그 사무는 공적이든 사적이든 계속적이든 일시적이든 불문한다. 다만, 그 타인의 구체적인 지시 · 감독을 받아 기계적으로 사무를 처리하는 자는 여기의 사무를 처리하는 자가 될 수 없을 것이다.

'임무에 위배하는 행위'란 배신행위를 말한다. 신뢰에 기초하여 맡겨준 사무를 신의성실(信義誠實)의 원칙을 저버린 채 처리함으로써 배신하는 행위라고 말할 수 있다. 계주(契主)가 계원들의 돈을 떼어먹는 행위, 금융기관의 임 · 직원이 담보가치보다 다액의 금원을 대출하는 행위는 대표적인 배신행위로 평가된다.

'재산상 이익의 취득'이라 함은 배임행위자에게 신임을 준 타인을 배신함으로써 배신행위자가 얻은 재산적 가치를 말하는데, 이 이익은 본인(법률의 규정에서는 '타인'과 혼용하고 있음)이 입게 된 손해와 일치하는 것이 일반적이지만, 반드시 같지는 않다.

법은 '본인에게 손해를 가한 때'라고 규정하였다. 여기에서 말하는 손해의 여부는 배임행위의 전과 후를 비교하여 본인의 재산적 가치가 감소하였는지 여부를 판단하여야 할 것이다. 그러나 실제로는 본인의 재산적 가치가 감소하지는 않았다고 하더라도 재산상 가치의 감소 위험이 구체적으로 드러난 경우에는 배임죄를 구성할 수 있다.

미수범(未遂犯 : 미완성범죄)은 「형법」에 특별히 '처벌한다'는 규정을 둔 경우에만 처벌한다. 그리고 미수범은 기수범(旣遂犯 : 완성범죄)에 정한 형의 2분의 1을 감경한 형으로 벌한다. 배임죄의 미수범은 처벌한다.

친족 사이에 배임죄를 범한 때에는 고소가 있어야 공소(公訴)를 제기할 수 있는 친고죄(親告罪)이다. 친족관계가 없는 자가 공범으로 가담한 때에는 그러한 친족이라는 신분이 없는 공범자(共犯者)에게는 친고죄 규정이 적용되지 않는다.

다. 고소장(예시)

고　　소　　장

고 소 인　성명 :

　　　　주소 :

　　　　주민등록번호 :

전화번호 :

피고소인   성명 : 김○○

주민등록번호 :

주소 :

전화번호 :

피고소인   성명 : 이○○

주민등록번호 :

주소 :

전화번호 :

고 소 취 지

고소인은 피고소인들을 배임죄의 공범으로 고소하오니 철저한 조사를 통하여 사실 관계를 밝혀 주시고, 피고소인들을 엄히 벌하여 주시기 바랍니다.

고소사실 및 이유

1. 피고소인 김○○은 2023. 1. 1. ○○:○○ 동인의 소유인 경기도 ○○시 ○○동 ○○-○ 잡종지 ○○○㎡에 관하여 이를 고소인에게 돈 300,000,000원에 매도하기로 계약을 체결하

고, 같은 날 계약금 10,000,000원과 같은 해 3월 1일 중도금 50,000,000원을 고소인으로부터 지급받은 사실이 있습니다.

2. 위 계약상의 잔금 지급일은 같은 해 6월 1일임에도 불구하고, 피고소인 김○○은 2023. 5. 1. 위 부동산을 피고소인 이○○에게 매도하면서 위 이○○로부터 매매대금 400,000,000원을 지급받고, 같은 날 위 이○○에게 소유권이전등기를 마쳐주었습니다.

3. 고소인이 알아본 바에 의하면 피고소인 이○○은 고소인과 피고소인 김○○과의 사이에 이미 매매계약이 체결되었고, 중도금이 지급된 사실을 잘 알면서도 위 김○○을 적극적으로 설득하여 매매계약을 체결하면서 그 즉시 매매대금 전부를 일시불로 지급하고, 소유권이전등기를 마친 사실이 있습니다. 따라서 피고소인들은 배임죄의 공범이라고 판단하여 이 건 고소장을 제출하기에 이르렀습니다.

입증자료 및 첨부서류

1. 부동산등기사항전부증명서   1통.
2. 부동산 매매계약서 사본   1통.

2025. 1. 20.

※ 고소인이 여러 사람이거나 피고소인이 다수인인 경우에는 위 예시와 같이
  표시하거나 복수의 사람을 구별하기 위하여 번호를 붙여주는 것이 일반적
  이다. 가령 '고소인(1), 고소인(2)'와 같은 요령이다.

※ 배임죄는 신분범이다. 따라서 '타인의 사무를 처리하는 자'라는 신분 있는
  자가 아니면 본죄의 주체가 되지 않는다. 그러나 신분이 없는 사람도 신
  분이 있는 사람과 공모(共謀 : 모의)를 하는 등 공범(共犯 : 공동정범, 교
  사범, 방조범)의 관계가 성립하면 본죄의 주체가 될 수 있다. '교사범(敎
  唆犯)'은 범죄를 실행할 의사가 없는 사람으로 하여금 범죄를 실행하게
  한 범죄자를 말하고, '방조범(幇助犯)'은 타인의 범죄를 직 · 간접적으로 돕
  는 범죄자를 말한다.

※ 부동산의 이중매매에서 배임죄가 성립하기 위해서는 중도금이 지급된 이
  후에 타인에게 소유권이전등기를 마쳐주어야 한다. 중도금이 지급되기 전
  에는 계약금의 2배를 배상하면 계약을 해제할 수 있으므로, 배임죄는 성
  립하지 않는다.

5. 모욕죄

가. 형법의 규정

> **제311조(모욕)** 공연히 사람을 모욕한 자는 1년 이하의 징역이나 금고 또는 200만원 이하의 벌금에 처한다.

나. 모욕죄의 구성요건 해설

모욕죄의 구성요건에서는 '공연히'와 '모욕'이 키워드이다. '공연(公然)'은 불특정다수인이 인식할 수 있는 상태를 말한다. 즉 밀폐되지 아니한 공간에서 모욕을 하면 이 죄가 성립할 수 있다.

'모욕(侮辱)'이라 함은 구체적 사실을 적시(摘示 : 지적)하지 아니하면서 사람의 인격을 경멸하는 내용의 추상적 가치판단을 표시하는 언사(言詞)를 말한다. 가령 '나쁜 자식', '더러운 년', '고약한 늙은이' 따위이다.

모욕죄는 친고죄(親告罪)이다. 즉 피해자의 고소가 없으면 검사가 공소를 제기할 수 없는 범죄이다(「형법」 제312조 제1항). 공소제기 전까지 고소를 취소한 경우도 마찬가지이다.

다. 고소장(예시)

고　　소　　장

고　소　인　　성명 :

　　　　　　　주민등록번호 :

　　　　　　　주소 :

　　　　　　　전화번호 :

피고소인　　　성명 :

　　　　　　　주민등록번호 :

　　　　　　　주소 :

　　　　　　　전화번호 :

고　소　취　지

고소인은 피고소인에 대하여 모욕죄로 고소하오니 피고소인을 엄히 벌하여 주시기 바랍니다.

고소사실 및 이유

1. 고소인과 피고소인은 ○○시 ○○동 소재 재래시장인 ○○시장 안의 이웃한 건물에서 각자 야채 및 과일을 판매하는 상인입니다.

2. 피고소인은 2024. 1. 1. ○○:○○ 경, 위 시장 내 피고소인의 점포에 있던 금전통에서 현금 30,000원이 없어지자 고소인을 의심하고, 고소인에게 "야 이년아 내 돈 네가 가져갔지? 개 같은 년아 돈 내놔"라고 소리를 지른 사실이 있습니다. 나중에 확인된 사실에 의하면 위 돈은 피고소인이 자신의 호주머니에 넣어둔 것으로 확인이 되었습니다.

3. 피고소인이 고소인에게 모욕의 범죄를 저지른 장소는 통행인이 많은 시장 골목이고, 이웃 상인들이 모두 들을 수 있는 곳이므로, 피고소인의 행위는 모욕죄를 구성한다고 생각하여 사과할 것을 요구하였음에도 불구하고, 피고소인은 반성 없이 뻔뻔한 태도를 일관하고 있어 이건 고소장을 제출하기에 이르렀습니다.

   붙임 : 녹취록   1통.

2025. 1. 20.

고소인   ○ ○ ○(인)

○○경찰서장 귀하

※ 위 예시의 첨부문서인 '녹취록'은 녹음파일 속의 음성을 속기사가 문서화한 것을 말한다.

※ 대부분의 경우 피고소인의 범죄(모욕죄)가 인정되더라도 그 형벌은 고작 벌금 100만원 안팎의 약식명령으로 종결되는 것으로 파악된다. 그리고 일반적으로 모욕행위는 폭행죄나 상해죄를 범하는 기회에 수반된다. 이러한 경우에는 모욕죄는 폭행죄 또는 상해죄에 흡수되어 별도의 모욕죄가 성립하지 않는 경우가 대부분이다.

※ 모욕죄가 성립하기 위해서는 '모욕'이 특정되어야 한다. 따라서 피고소인이 고소인을 향하여 사용한 모욕적인 언사(言詞)는 그것이 입에 담거나 글로 표시하기에 매우 부적절한 내용일지라도 고소장에는 범죄행위 당시에 피고소인이 사용한 표현을 그대로 적어주어야 한다.

6. 명예훼손죄

가. 형법의 규정

제307조(명예훼손) ① 공연히 사실을 적시하여 사람의 명예를 훼손한 자는 2년 이하의 징역이나 금고 또는 500만원 이하의 벌금에 처한다.

② 공연히 허위의 사실을 적시하여 사람의 명예를 훼손한 자는 5년 이하의 징역, 10년 이하의 자격정지 또는 1천만원 이하의 벌금에 처한다.

제308조(사자의 명예훼손) 공연히 허위의 사실을 적시하여 사자의 명예를 훼손한 자는 2년 이하의 징역이나 금고 또는 500만원 이하의 벌금에 처한다.

제309조(출판물 등에 의한 명예훼손) ① 사람을 비방할 목적으로 신문, 잡지 또는 라디오 기타 출판물에 의하여 제307조제1항의 죄를 범한 자는 3년 이하의 징역이나 금고 또는 700만원 이하의 벌금에 처한다.

② 제1항의 방법으로 제307조제2항의 죄를 범한 자는 7년 이하의 징역, 10년 이하의 자격정지 또는 1천500만원 이하의 벌금에 처한다.

나. 명예훼손죄의 구성요건 해설

명예훼손죄의 구성요건에서는 '공연히', '사실', '허위사실', '적시', '사람의 명예'가 그 중요한 키워드이다.

'공연히'는 불특정 또는 다수인이 인식할 수 있는 상태를 뜻한다. 이와 관련하여 우리 대법원은 사실이나 허위의 사실을 적시한 행위가 단 한 사람의 상대방에게만 적시한 경우일지라도 그 한 사람으로부터 다시 불특정인 또는 다수인에게 전파될 가능성이 있는 경우에는 '공연히'라고 평가해야 한다고 해석하고 있다. 이를 '전파성이론'이라고 한다.

'사실'은 현실적으로 발생하고 증명할 수 있는 과거와 현재의 상태를 말한다. 여기의 사실에는 이미 알려진 사실도 포함되고, 피해자에 관한 사실을 말한다. 사실이 아닌 내용을 마치 사실인 것처럼 적시하면 허위사실의 적시가 된다.

'적시(摘示)'는 피해자의 명예가 침해될 수 있을 정도로 구체적으로 알리는 행위이다. 따라서 추상적 사실이나 표의자 자신의 가치판단에 불과하면 모욕죄를 구성할 수는 있을지언정 명예훼손죄를 구성하지는 않는다.

'사람의 명예'는 사람의 인격적 가치에 대한 사회일반의 평가(외적 명예)를 말한다. 모든 자연인과 법인은 명예의 주체가 된다.
사람의 지불능력 또는 지불의사와 같은 경제적 가치, 즉 신용을 훼손하는 경우에는 별도로 '신용훼손죄'가 성립하므로, 명예훼손죄를 구성하지 않는다.

제307조 제1항의 명예훼손이 진실한 사실로서 오로지 공공의 이익에 관한 때에는 처벌하지 않는다(「형법」 제310조). 이를 '위법성조각사유(違法性阻却事由)'라고 한다. '오로지 공공의 이익에 관한 때'라고 함은 적시된 사실이 국가, 사회나 일반 다수의 이익을 위한 것으로 인정되는 경우로 해석된다. 그리고 사실을 적시하는 사람에게는 공익(公益)을 위하여 적시한다는 인식 내지 목적이 있어야 한다.

명예훼손죄(제307조) 및 출판물에 의한 명예훼손죄(제309조)는 피해자의 명시한 의사에 반하여 공소를 제기할 수 없는 '반의사불벌죄(反意思不罰罪)'이다.
한편 사자의 명예훼손죄(제308조)는 고소권자의 고소가 없으면 공소를 제기할 수 없는 '친고죄(親告罪)'이다. '사자의 명예훼손죄'는 죽은 사람에 대한 명예를 훼손하는 죄이다.

다. 고소장(예시)

고　소　장

고 소 인　　성명 :

　　　　　　　주민등록번호 :

　　　　　　　주소 :

　　　　　　　전화번호 :

피고소인　　　성명 :

　　　　　　　주민등록번호 :

　　　　　　　주소 :

　　　　　　　전화번호 :

고　소　취　지

고소인은 피고소인에 대하여 명예훼손 혐의로 고소하오니 피고소인을 엄히 벌하여 주시기 바랍니다.

고소사실 및 이유

1. 고소인과 피고소인은 중학교 동기생입니다.

2. 피고소인은 2024. 10. 10. ○○:○○ 경, 서울 ○○구 ○○길 ○○-○에 있는 피고소인의 집에서 고소인과 관련하여 "그 년은 1주일에 한 번씩 남편 몰래 다섯 살이나 어린 놈하고 모텔에 드나들면서 연애질을 하고 있다."는 내용 등 허위사실을 적은 편지를 작성한 다음 그 무렵 고소인과 피고소인의 친구인 고소외 ○○○에게 우송함으로써 고소인의 명예를 훼손한 사실이 있습니다.

3. 피고소인은 위 사실에 관하여 반성은커녕 앞으로도 여러 사람에게 소문을 퍼뜨리겠다고 말하는 등 반성의 기미를 보이지 않고 있어 부득이 이 고소장을 제출하오니 피고소인을 엄히 벌하여 주시기 바랍니다.

붙임 : 편지 사본 1통.

2025. 1. 20.

위 고소인   ○ ○ ○(인)

○○경찰서장 귀하

※ 고소장을 제출하면 경찰 또는 검찰에서는 우선적으로 고소인에 대하여 보충진술을 요구한다. 그 다음으로는 참고인의 진술을 듣는 것이 일반적이다. 따라서 수사기관이 참고인의 진술을 청취할 필요가 있는 경우에는 고소인은 해당 참고인의 주소 및 전화번호 등을 수사기관에 알려줄 필요가 있다. 고소장에 이를 미리 적지 않는 이유는 참고인의 정보를 보호하기 위함이다.

※ 「형법」 제307조는 단순한 명예훼손죄를 규정하는 한편 제309조에서는 출판물에 의한 명예훼손죄를 규정하였다. 후자는 전자에 대한 가중적(加重的) 구성요건이다. 출판물에 의한 명예훼손죄는 공연성보다도 더 높은 전파가능성이 있는 출판물 등을 이용한다는 점과 비방할 목적을 가진 '목적범'이라는 점을 감안하여 가중처벌하는 것으로 규정하였다.

위 사례에서 친구에게 보낸 단순한 편지는 출판물이라고는 평가할 수 없으므로, 위 예시는 단순한 명예훼손죄를 구성할 따름이다. 그리고 출판물 등을 수단으로 사실이나 허위사실을 퍼뜨리더라도 '비방의 목적'이 없으면 단순한 명예훼손죄가 성립할 뿐 '출판물에 의한 명예훼손죄'는 성립하지 않는다.

7. 협박죄

가. 형법의 규정

제283조(협박, 존속협박) ① 사람을 협박한 자는 3년 이하의 징역, 500만원 이하의 벌금, 구류 또는 과료에 처한다.

② 자기 또는 배우자의 직계존속에 대하여 제1항의 죄를 범한 때에는 5년 이하의 징역 또는 700만원 이하의 벌금에 처한다.

③ 제1항 및 제2항의 죄는 피해자의 명시한 의사에 반하여 공소를 제기할 수 없다.

제284조(특수협박) 단체 또는 다중의 위력을 보이거나 위험한 물건을 휴대하여 전 조 제1항, 제2항의 죄를 범한 때에는 7년 이하의 징역 또는 1천만원 이하의 벌금에 처한다.

나. 협박죄의 구성요건 해설

'협박'은 해악(害惡)을 고지하여 상대방으로 하여금 외포심(畏怖心)을 일으키게 하는 것을 말한다. 이를 달리 말하면, 상대방에게 나쁜 일이 있을 것임을 알려 겁을 먹게 하는 것이다. 협박죄의 협박은 형법학에서 말하는 여러 종류의 협박 중 가장 넓은 의미(최광의)의 협박을 말한다. 해악의 내용과 고지의 방법은 따지지 않는다.

협박죄는 미수범을 처벌한다. 그리고 피해자의 명시한 의사에 반하여 공소를 제기할 수 없는 '반의사불벌죄(反意思不罰罪)'이다. 협박죄의 상습범은 단순 협박죄에서 정한 형(刑)에 2분의 1을 가중하여 처벌한다. 존속협박죄는 패륜행위라는 요소를 감안하여 가중적 구성요건을 마련한 죄이다.

2명 이상이 공동하여 협박죄 또는 존속협박죄를 저지른 경우에는 2분의 1을 가중하여 처벌한다(「폭력행위등 처벌에 관한 법률」 제2조 제2항).

다. 고소장(예시)

```
┌─────────────────────────────────────────┐
│                                         │
│              고     소     장            │
│                                         │
│                                         │
│   고 소 인  성명 :                       │
│   주민등록번호 :                         │
│   주소 :                                │
│   전화번호 :                            │
│   피고소인  성명 :                       │
│                                         │
└─────────────────────────────────────────┘
```

주민등록번호 :

주소 :

전화번호 :

고 소 취 지

고소인은 피고소인을 협박죄로 고소하오니 엄히 벌하여 주시기
바랍니다.

고소사실 및 이유

1. 고소인은 피고소인이 운영하는 석유판매소에서 재직한 사실이
   있고, 고소인은 피고소인이 가짜휘발유를 제조하여 판매하는
   사실을 수사기관에 신고한 후 퇴직한 사실이 있습니다.

2. 피신고자는 2024. 10. 10. ○○:○○ 고소인의 집에 찾아와
   고소인에게 "야 ○○○, 너 어린 새끼들이 학교에 다니는데
   그런 짓을 해놓고도 안전할 것 같으냐"라고 해악을 고지하는
   등 협박한 사실이 있습니다.

3. 이에 따라 고소인은 피고소인이 고소인의 자녀들을 해칠 것이
   두려워 매일 등하굣길에 동행을 하고 있는 실정이며, 피고소인

에게는 화해를 하자고 요청하고 있지만, 피고소인은 이에 응하지 않고 있어 부득이 이건 고소장을 제출합니다.

2025. 1. 20.

고소인   ○ ○ ○(인)

○○○○경찰서장 귀하

※ 협박죄는 「형법」이 규정하는 범죄 중에서는 비교적 형벌이 가벼운 죄이다. 즉 대부분의 협박범에게는 벌금형이 선고되는 것이 실무관행이다. 따라서 협박죄의 고소는 피고소인과의 사이에 원만히 합의(「민법」상의 '화해')를 이루기 위한 수단으로 활용하는 편이 합리적인 경우가 많다.

※ 협박죄는 반의사불벌죄이므로, 검사가 공소를 제기하기 이전까지만 고소를 취소하면 피고소인은 형벌을 면한다.

8. 폭행죄

가. 형법의 규정

제260조(폭행, 존속폭행) ① 사람의 신체에 대하여 폭행을 가한 자는 2년 이하의 징역, 500만원 이하의 벌금, 구류 또는 과료에 처한다.

② 자기 또는 배우자의 직계존속에 대하여 제1항의 죄를 범한 때에는 5년 이하의 징역 또는 700만원 이하의 벌금에 처한다.

③ 제1항 및 제2항의 죄는 피해자의 명시한 의사에 반하여 공소를 제기할 수 없다.

제261조(특수폭행) 단체 또는 다중의 위력을 보이거나 위험한 물건을 휴대하여 제260조 제1항 또는 제2항의 죄를 범한 때에는 5년 이하의 징역 또는 1천만원 이하의 벌금에 처한다.

제262조(폭행치사상) 전2조의 죄를 범하여 사람을 사상에 이르게 한 때에는 제257조 내지 제259조의 예에 의한다.

나. 폭행죄의 구성요건 해설

폭행죄에서의 '폭행'은 사람의 신체에 대하여 유형력(有形力)을 행사하는 것이다. '유형력의 행사'라 함은 육체적 내지 생리적인 유형력뿐만 아니라 심리적으로 고통이 가해지는 정도가 되는 유형력의 행사를 의미한다. 사람의 신체를 물리력으로 밀치는 행위, 얼굴에 침을 뱉는 행위, 머리털이나 수염을 자르는 행위, 갑자기 큰 소리를 질러 놀라게 하는 행위 등도 폭행이라고 해석하는 것이 대법원의 입장이다.

신체에 대하여 유형력을 행사하여 상해의 결과가 발생하면 폭행치상죄가 성립한다. 이 점은 처음부터 신체의 건강을 해할 의도로 상해를 가한 때에 적용되는 상해죄와 구별된다. 그러나 고소인으로서는 폭행치상과 상해를 구별하는 것이 쉽지 않을 경우가 많다. 이러한 경우에는 그 구분은 검사에게 맡기고, 고소장에는 죄명을 특정하지 않더라도 무방하다. 고소인이 피고소인으로부터 당한 '사실'만을 고소장에 상세히 기재하는 것으로 충분하다는 뜻이다.

존속에 대한 폭행은 패륜행위가 가중처벌의 근거이고, 특수폭행은 다중(多衆)의 위력 또는 위험한 물건의 휴대로 인하여 가중처벌하는 것으로 규정하였다. '다중'은 매우 많은 사람을 의미한다. '위험한 물건'은 칼, 낫과 같은 흉기(凶器), 깨진 유리병, 벽돌, 몽둥이, 가위 따위를 말한다.

폭행죄의 상습범은 2분의 1을 가중하여 처벌한다. 상습범을 처벌하는 것으로 규정한 범죄는 모두 기본범죄에 정한 형에 2분의 1을 가중하여 처벌한다.

2인 이상이 공동하여 폭행죄 또는 존속폭행죄를 저지른 경우에는 2분의 1을 가중하여 처벌한다(「폭력행위등 처벌에 관한 법률」 제2조 제2항).

다. 고소장(예시)

고　　소　　장

고 소 인　　성명 :

주민등록번호 :

주소 :

전화번호 :

피고소인　　성명 :

주민등록번호 :

주소 :

전화번호 :

고　소　취　지

고소인은 피고소인을 폭행죄로 고소하오니 피고소인을 엄한 형벌로 다스려 주시기 바랍니다.

고소사실 및 이유

1. 피고소인은 2024. 10. 1. ○○:○○ 서울 ○○구 ○○로 ○○
   -○에 있는 '다마셔' 주점에서 큰 소리를 자제해줄 것을 요구
   하는 고소인에게 손바닥으로 뺨을 2회 세게 때린 사실이 있습
   니다.
2. 이에 대하여 고소인은 피고소인에게 사과할 것을 요구하였지
   만, 사과는커녕 더 때릴 듯한 태도를 취하는 등 반성하지 않
   고 있어 이건 고소장을 제출하게 되었습니다.

2025. 1. 20.

위 고소인   ○ ○ ○(인)

○○경찰서장 귀하

※ 고소장을 작성하다 보면 피고소인의 주민등록번호 또는 주소를 알지 못하
여 애로를 겪을 때가 있다. 이러한 경우에는 수사기관이 전산 검색 등을
이용하여 주민등록번호 또는 주소를 알아낼 수 있도록 돕기 위하여 피신

고자에 관한 정보를 가능한 한 많이 적어주어야 한다.

※ 폭행죄 및 존속폭행죄는 반의사불벌죄이다. 따라서 검사가 공소를 제기하기 이전까지만 고소를 취소하면 피고소인은 처벌을 면한다. 폭행죄의 선고형은 가벼운 벌금형이 대부분이라는 점을 감안할 때 고소장의 제출에도 신중하여야 하겠지만, 고소장을 제출한 뒤에도 적당한 사과나 위로금을 받을 수 있는 경우에는 화해에 의하여 사건이 종결되게 할 필요도 있을 것이다.

※ 상해의 결과가 발생하지 아니한 단순 폭행죄의 경우에는 상해진단서 등 입증자료가 없다. 따라서 피고소인이 폭행행위를 부인하는 때에는 폭행 사실을 목격한 사람이 참고인으로 진술하는 방법으로만 범죄혐의를 밝힐 수 있다는 점을 감안하여 고소장을 제출할 것인지 여부를 판단하여야 한다.

9. 상해죄

가. 형법의 규정

> 제257조(상해, 존속상해) ① 사람의 신체를 상해한 자는 7년 이하의 징역, 10년 이하의 자격정지 또는 1천만원 이하의 벌금에 처한다.
>
> ② 자기 또는 배우자의 직계존속에 대하여 제1항의 죄를 범한 때에는 10년 이하의 징역 또는 1천500만원 이하의 벌금에 처한다.
>
> ③ 전 2항의 미수범은 처벌한다.

제259조(상해치사) ① 사람의 신체를 상해하여 사망에 이르게 한 자는 3년 이상의 유기징역에 처한다.

② 자기 또는 배우자의 직계존속에 대하여 전항의 죄를 범한 때에는 무기 또는 5년 이상의 징역에 처한다.

제258조(중상해, 존속중상해) ① 사람의 신체를 상해하여 생명에 대한 위험을 발생하게 한 자는 1년 이상 10년 이하의 징역에 처한다.

② 신체의 상해로 인하여 불구 또는 불치나 난치의 질병에 이르게 한 자도 전항의 형과 같다.

③ 자기 또는 배우자의 직계존속에 대하여 전2항의 죄를 범한 때에는 2년 이상 15년 이하의 징역에 처한다.

제258조의2(특수상해) ① 단체 또는 다중의 위력을 보이거나 위험한 물건을 휴대하여 제257조제1항 또는 제2항의 죄를 범한 때에는 1년 이상 10년 이하의 징역에 처한다.

② 단체 또는 다중의 위력을 보이거나 위험한 물건을 휴대하여 제258조의 죄를 범한 때에는 2년 이상 20년 이하의 징역에 처한다.

③ 제1항의 미수범은 처벌한다.

제263조(동시범) 독립행위가 경합하여 상해의 결과를 발생하게 한 경우에 있어서 원인된 행위가 판명되지 아니한 때에는 공동정범의 예에 의한다.

나. 상해죄의 구성요건 해설

'상해(傷害)'라 함은 사람의 신체에 대한 생리적 기능을 훼손하는 것을 뜻한다. 즉 생리적 기능의 완전성을 훼손하여 건강을 침해하는 행위이다. 신체에 상처가 발생하게 하는 경우, 질병에 감염되게 하는 경우, 수면장애를 일으키게 하는 경우 및 상당한 기간 동안 실신케 하는 경우 등이 여기에 해당한다.

「형법」 제263조는 동시범에 관하여 "독립된 행위가 경합하여 상해의 결과를 발생하게 한 경우에 있어서 원인된 행위가 판명되지 아니한 때에는 공동정범의 예에 의한다."고 규정하였다.

이는 여러 명의 가해자가 상해의 결과를 유발할만한 행위를 하였지만, 누구의 행위에 의하여 상해라는 결과가 발생한 것인지를 판명하기 곤란할 경우를 대비한 규정이다. 위 규정 중 '공동정범의 예에 의한다.'

고 함은 가해행위자 모두를 정범(正犯)으로 즉, 상해죄로 처벌한다는 의미이다.

2인 이상이 공동하여 상해죄 또는 존속상해죄를 저지른 경우에는 2분의 1을 가중하여 처벌한다(「폭력행위등 처벌에 관한 법률」 제2조 제2항).

다. 고소장(예시)

고　소　장

고 소 인　　성명 :

주민등록번호 :

주소 :

전화번호 :

피고소인　　성명 :

주민등록번호 :

주소 :

전화번호 :

고　소　취　지

고소인은 피고소인을 상해죄로 고소하오니 엄히 벌하여 주시기
바랍니다.

고소사실 및 이유

1. 고소인과 피고소인은 서로 알지 못하는 사이입니다.
2. 피고소인은 2024. 10. 10. ○○:○○ ○○시 ○○동에 있는
   '마시자호프'에서 조용히 해줄 것을 요구하는 고소인에 대하여
   갑자기 끓는 물을 손에 끼얹어 3주 동안의 치료를 필요로 하
   는 화상을 입힌 사실이 있습니다.
3. 피고소인은 그 날 고소인에게 화상을 입힌 즉시 도주하였으므
   로, 고소인은 그동안 피고소인을 찾는 노력을 하는 바람에 뒤
   늦게 고소장을 제출하게 되었습니다.

   첨부 : 상해진단서 1통.

   2025. 1. 20.

   고소인   ○ ○ ○(인)

○○경찰서장 귀하

※ 상해의 피해를 증명하는 증거는 상해진단서이다. 이 진단서는 피해자가 최초로 찾은 종합병원, 병원 및 의원에서 발급한다. 상해진단서에는 상해의 명칭(타박상, 찰과상, 자상, 골절상 등)과 치료를 필요로 하는 기간 등이 기재된다. 상해죄를 내용으로 하는 고소장에는 상해진단서를 덧붙여야 한다.

※ 경우에 따라서는 상해부위를 촬영한 사진을 수사기관에 제출하기도 하는데, 이 사진을 촬영할 때에는 반드시 피해자의 얼굴을 식별할 수 있는 사진이 포함되어야 한다.

※ 상해의 결과가 발생하더라도 가해자의 고의가 없는 행위에 의한 결과인 때에는 상해죄가 성립하지 않는다. 상해죄는 과실범(過失犯 : 실수로 저지르는 범죄)을 처벌하지 않기 때문이다. 이 책에서 소개하는 모든 범죄들도 마찬가지로 과실범을 처벌하지 않는다.

10. 강제추행죄

가. 형법의 규정

제298조(강제추행) 폭행 또는 협박으로 사람에 대하여 추행을 한 자는 10년 이하의 징역 또는 1천500만원 이하의 벌금에 처한다.

제299조(준강간, 준강제추행) 사람의 심신상실 또는 항거불능의 상태를 이용하여 간음 또는 추행을 한 자는 제297조, 제297조의2 및 제298조의 예에 의한다.

제301조(강간 등 상해 · 치상) 제297조, 제297조의2 및 제298조부터 제300조까지의 죄를 범한 자가 사람을 상해하거나 상해에 이르게 한 때에는 무기 또는 5년 이상의 징역에 처한다.

제302조(미성년자 등에 대한 간음) 미성년자 또는 심신미약자에 대하여 위계 또는 위력으로써 간음 또는 추행을 한 자는 5년 이하의 징역에 처한다.

제305조(미성년자에 대한 간음, 추행) 13세 미만의 사람에 대하여 간음 또는 추행을 한 자는 제297조, 제297조의2, 제298조, 제301조 또는 제301조의2의 예에 의한다.

나. 강제추행죄의 구성요건 해설

강제추행죄의 구성요건에서 키워드는 '폭행', '협박' 및 '추행'이다. '폭행'은 사람에 대한 유형력(有形力)의 행사를 말하는데, 그 유형력이라는 것은 대법원의 견해에 의하면 남자가 여자의 유방, 사타구니 또는 엉덩이를 만지는 그 자체로만으로도 유형력의 행사로 평가된다.

'협박'은 추행의 대상인 상대방에게 겁을 주어 외포심(畏怖心)을 일으키게 하는 행위를 말한다.

'추행(醜行)'은 성적(性的) 수치심을 유발하는 일체의 행위를 의미한다. 따라서 여자가 남자의 성기를 만지는 것도 여기에 해당할 수 있다. 그러나 속칭 '바바리맨'의 성기 노출행위는 여기에서 말하는 추행에 해당하지 않는다. 유형력의 행사가 없기 때문이다. 바바리맨의 성기 노출행위는 '공연음란죄(「형법」 제245조)에 해당한다.

「형법」의 위 규정에도 불구하고 다음에 해당하는 강제추행죄는 「성폭력범죄의 처벌 등에 관한 특례법」의 규정을 우선적으로 적용하여 무거운 형벌로 벌한다. 위 법은 형법에 대하여 특별법이고, 특별법은 일반법에 우선하여 적용하는 '특별법 우선의 원칙'에 따라야 하기 때문이다. 이하 위 특별법의 규정 중 강제추행죄에 해당하는 규정을 아래에 인용한다.

제6조(장애인에 대한 강간·강제추행 등) ② 신체적인 또는 정신적인 장애가 있는 사람에 대하여 폭행이나 협박으로 다음 각 호의 어느 하나에 해당하는 행위를 한 사람은 5년 이상의 유기징역에 처한다.

1. 구강·항문 등 신체(성기는 제외한다)의 내부에 성기를 넣는 행위
2. 성기·항문에 손가락 등 신체(성기는 제외한다)의 일부나 도구를 넣는 행위

③ 신체적인 또는 정신적인 장애가 있는 사람에 대하여 「형법」 제298조(강제추행)의 죄를 범한 사람은 3년 이상의 유기징역 또는 3천만원 이상 5천만원 이하의 벌금에 처한다.

④ 신체적인 또는 정신적인 장애로 항거불능 또는 항거곤란 상태에 있음을 이용하여 사람을 간음13)하거나 추행한 사람은 제1항부터 제3항까지의 예에 따라 처벌한다.

⑥ 위계14) 또는 위력15)으로써 신체적인 또는 정신적인 장애가 있는 사람을 추행한 사람은 1년 이상의 유기징역 또는 1천만원 이상 3천만원 이하의 벌금에 처한다.

⑦ 장애인의 보호, 교육 등을 목적으로 하는 시설의 장 또는 종사자가 보호, 감독의 대상인 장애인에 대하여 제1항부터 제6항까지

의 죄를 범한 경우에는 그 죄에 정한 형의 2분의 1까지 가중한다.

제7조(13세 미만의 미성년자에 대한 강간, 강제추행 등) ② 13세 미만의 사람에 대하여 폭행이나 협박으로 다음 각 호의 어느 하나에 해당하는 행위를 한 사람은 7년 이상의 유기징역에 처한다.

1. 구강·항문 등 신체(성기는 제외한다)의 내부에 성기를 넣는 행위
2. 성기·항문에 손가락 등 신체(성기는 제외한다)의 일부나 도구를 넣는 행위

③ 13세 미만의 사람에 대하여「형법」제298조(강제추행)의 죄를 범한 사람은 5년 이상의 유기징역에 처한다.

④ 13세 미만의 사람에 대하여「형법」제299조(준강간, 준강제추행)의 죄를 범한 사람은 제1항부터 제3항까지의 예에 따라 처벌한다.

⑤ 위계 또는 위력으로써 13세 미만의 사람을 간음하거나 추행한 사람은 제1항부터 제3항까지의 예에 따라 처벌한다.

---

13) 간음(姦淫) : 폭행이나 협박에 의하지 아니하고 여자의 질구(膣口)에 남자의 성기를 넣는 행위
14) 위계(僞計) : 속임수
15) 위력(威力) : 상대를 압도하는 강력한 힘

다. 고소장(예시)

고　소　장

고 소 인　　성명 :

주민등록번호 :

주소 :

전화번호 :

피고소인　　성명 :

주민등록번호 :

주소 :

전화번호 :

고　소　취　지

고소인은 피소고인을 강제추행죄로 고소하오니 피고소인을 엄히 벌하여 주시기 바랍니다.

고소사실 및 이유

1. 고소인과 피고소인은 같은 직장에 소속된 동료였습니다.

2. 피고소인은 2024. 12. 12. ○○:○○ 서울 ○○구 ○○길 ○○-○에 있는 '○○○○ 주식회사의 탕비실에서 갑자기 고소인을 뒤에서 끌어안고 가슴속에 손을 넣어 유방을 주무르는 방법으로 강제추행죄를 저질렀습니다.

3. 고소인은 위 사건으로 인하여 직장에도 출근하지 못하게 되었으며, 이에 따른 정신적 고통(트라우마)가 심하여 병원에서 치료를 받고 있는 형편이지만, 피고소인은 지금까지 사과의 말조차도 하지 않고 있습니다.

2025. 1. 20.

고소인 ○ ○ ○(인)

○○경찰서장 귀하

※ 말로만 하는 이른바 '성희롱'은 강제추행과 구별하여야 한다. 성희롱은 폭행 또는 협박이라는 수단이 없기 때문에 강제추행죄를 구성하지 않는다.

※ 강제추행죄의 주체에는 성별에 구분이 없다. 따라서 여자가 남자를 추행하는 경우에도 강제추행죄는 성립한다.

11. 절도죄

가. 형법의 규정

제329조(절도) 타인의 재물을 절취한 자는 6년 이하의 징역 또는 1천만원 이하의 벌금에 처한다.

제330조(야간주거침입절도) 야간에 사람의 주거, 간수하는 저택, 건조물이나 선박 또는 점유하는 방실(傍室)에 침입하여 타인의 재물을 절취한 자는 10년 이하의 징역에 처한다.

제331조(특수절도) ① 야간에 문호(門戶) 또는 장벽(障壁) 기타 건조물의 일부를 손괴하고 전조의 장소에 침입하여 타인의 재물을 절취한 자는 1년 이상 10년 이하의 징역에 처한다.
② 흉기를 휴대하거나 2인 이상이 합동하여 타인의 재물을 절취한 자도 전항의 형과 같다.

제331조의2(자동차등 불법사용) 권리자의 동의없이 타인의 자동차, 선박, 항공기 또는 원동기장치자전거를 일시 사용한 자는 3년 이하의 징역, 500만원 이하의 벌금, 구류 또는 과료에 처한다.

나. 절도죄의 구성요건 해설

절도죄의 구성요건에서는 '타인의 재물'과 '절취'가 키워드이다. '타인의 재물(財物)'은 그 재물의 소유권이 타인에게 있으면 되고, 재산적·경제적 가치가 있을 것까지는 요하지 않는다. 우리 대법원은 재물은 소유자에게 주관적 가치 내지 소극적 가치만 있으면 족하고 객관적인 금전적 교환가치는 요하지 않는다는 입장이다(대판 74도3442). 따라서 재산적·경제적 가치가 없는 가족사진, 인감증명서, 무효인 약속어음도 재물이다. 물건에는 현금, 수표 등 유가증권이 포함됨은 당연하다. 타인의 재산과 관련하여 주의해야 할 점은 동업자의 재산이다. 동업자의 재산은 얼핏 생각하면 공동재산이므로, 나의 지분만큼은 타인 소유가 아닐 것처럼 생각하기 쉽다. 그러나 동업 관계에 있는 재산을 훔치는 행위는 그 재산 전부에 대한 절도죄가 성립한다.

타인이 점유 또는 권리의 목적이 된 자기 소유의 물건, 가령 자기가 타인에게 임대하여 타인이 점유하는 물건을 취거(取去)·은닉(隱匿)·손괴(損壞)한 경우에는 절도죄가 아닌 권리행사방해죄를 구성한다(「형법」 제323조).

'절취(竊取)'는 폭행, 협박 등 유형력(有形力)을 행사하지 아니하면서 소유자의 의사에 반하여 재물의 점유(占有)를 빼앗는 것을 말한다. 점유를 빼앗는 목적은 자기 소유의 물건과 같이 만들기 위한 것이어야 한다. 이를 '불법영득의사(不法領得意思)'라고 한다. 타인의 지갑이나 손가방 안에 있는 물건을 꺼내어 가져가는 이른바 '소매치기', 자동차나 오토바이를 타고 지나가면서 타인이 소지한 가방을 낚아채어 빼앗는 행위인 이른바 '날치기'는 여기에서 말하는 절도죄에 해당한다. 또한 타인의 재물을 그 타인이 찾을 수 없는 장소에 감추어두는 행위도 절도죄를 구성할 수 있다.

그러나 타인이 공원이나 도로 등에서 분실한 물건을 습득(拾得)하는 행위는 점유이탈물횡령죄를 구성할 뿐 절도죄는 성립하지 않는다. 참고로, 이처럼 타인이 분실한 물건, 금전이나 유가증권을 습득하여 경찰관서에 신고하면 「유실물법」의 규정에 의하여 일정한 보상을 받는다.

> 형법상 절취란 타인이 점유하고 있는 자기 이외의 자의 소유물을 점유자의 의사에 반하여 그 점유를 배제하고 자기 또는 제3자의 점유로 옮기는 것을 말한다. 그리고 절도죄의 성립에 필요한 불법영득의 의사란 타인의 물건을 그 권리자를 배제하고 자기의 소유물과 같이 그 경제적 용법에 따라 이용·처분하고자 하는 의사를 말하는 것으로서, 단순히 타인의 점유만을 침해하였다고 하여 그로써 곧 절도죄가 성립하는 것은 아니나, 재물의 소유권 또는 이에 준하는 본권을 침해하는 의사가 있으면 되고 반드시 영구적으로 보유할 의사가 필요한 것은 아니며, 그것이 물건 그 자체를 영득할 의사인지 물건의 가치만을 영득할 의사인지를 불문한다. 따라서 어떠한 물건을 점유자의 의사에 반하여 취거하는 행위가 결과적으로 소유자의 이익으로 된다는 사정 또는 소유자의 <u>추정적 승낙16)</u>이 있다고 볼 만한 사정이 있다고 하더라도, 다른 특별한

> 사정이 없는 한 그러한 사유만으로 불법영득의 의사가 없다고 할
> 수는 없다(대법원 2013도14139 판결).

절도죄의 미수범은 처벌한다. 미수범의 형은 기수범의 형에서 정한 형의 2분의 1을 감경(減輕)할 수 있다.

친족 간에 절도죄를 범한 때에는 고소가 있어야 공소를 제기할 수 있다. 친고죄(親告罪)이다.
친족이라는 신분관계가 없는 공범에 대하여는 친고죄 규정을 적용하지 아니한다.

다. 고소장(예시)

> # 고   소   장
>
> 고 소 인   성명 :

---

16) 추정적 승낙(推定的 承諾) : 추정적 승낙이라 함은 피해자가 현실적으로 승낙하지는 않았지만, 행위 당시의 사정에 비추어 볼 때 만약 피해자(또는 승낙권자)가 그 당시에 그 사정을 알았더라면 당연히 승낙하였을 것으로 기대되는 경우를 말한다.

주민등록번호 :

주소 :

전화번호 :

피고소인   성명 :

주민등록번호 :

주소 :

전화번호 :

고　소　취　지

고소인은 피고소인을 절도죄로 고소하오니 피고소인을 엄히 벌하여 주시기 바랍니다.

고소사실 및 이유

1. 피고소인은 고소인의 집에서 1주에 5일 동안만 가사도우미(파출부)로 일하던 사람입니다.
2. 피고소인은 2024. 12. 12. ○○:○○, ○○시 ○○동 ○○-○에 있는 고소인의 집 안방 화장대 서랍 안에 있던 50,000원권 현금 50장(합계 2,500,000원)을 훔친 사실이 있습니다.

3. 피고소인은 과거에도 고소인의 집 안에 있는 물건을 절취한 사실이 있었지만, 명백한 증거가 없어 문제를 삼지는 못한 일이 있었습니다. 그러나 이번에는 무인카메라에 촬영된 영상을 그 증거로 가지고 있습니다. 만약, 피고소인이 자신의 범행 사실을 부인할 경우에는 그 영상을 증거로 제출하겠습니다.

2025. 1. 20.

위 고소인   ○ ○ ○(인)

○○경찰서장 귀하

※ 재물의 소유권이 범인(犯人)에게 있으면서 타인이 점유(占有)하는 그 재물을 절취(竊取)하면 절도죄를 구성하지 아니하고, 권리행사방해죄(「형법」 제323조)가 성립한다.

※ 위 예시에서 가사도우미가 재물을 절취한 행위는 절도죄를 구성할 뿐 횡령죄는 성립하지 않는다. 횡령죄는 위탁관계에 의하여 타인의 재물을 보관하는 지위에 있는 사람이 범죄의 주체가 되는데, 가사도우미의 경우에는 재물의 보관을 위탁받은 지위에 있지 않기 때문이다.

※ 타인의 재물을 불법영득의 의사가 없으면서 일시적으로 사용한 뒤 가까운 장래에 제자리에 가져다 놓겠다는 의도로 사용하는 이른바 '일시사용'은

절도죄를 구성하지 않는다. 다만, 자동차, 선박, 항공기, 원동기장치자전거(오토바이)는 일시사용을 하더라도 「형법」 제331조의2에서 규정하는 '자동차등 불법사용죄'를 구성한다.

12. 공갈죄

가. 형법의 규정

제350조(공갈) ① 사람을 공갈하여 재물의 교부를 받거나 재산상의 이익을 취득한 자는 10년 이하의 징역 또는 2천만원 이하의 벌금에 처한다.
② 전항의 방법으로 제삼자로 하여금 재물의 교부를 받게 하거나 재산상의 이익을 취득하게 한 때에도 전항의 형과 같다.

제350조의2(특수공갈) 단체 또는 다중의 위력을 보이거나 위험한 물건을 휴대하여 제350조의 죄를 범한 자는 1년 이상 15년 이하의 징역에 처한다.

나. 공갈죄의 구성요건 해설

공갈죄의 구성요건에서는 '공갈', '재물의 교부', '재산상 이익의 취득'을 키워드로 검토하여야 한다.

'공갈(恐喝)'은 폭행 또는 협박을 수단으로 사람에게 공포심을 일으키게 하는 것을 말한다. 폭행은 사람에 대하여 행사하는 일체의 유형력(有形力)을 말하며, 폭행죄의 그것과 같은 성질의 것이다.

여기의 협박은 사람에게 해악(害惡)을 고지하여 외포심(畏怖心)을 일으키게 하는 행위로써 그 내용은 협박죄의 그것과 동일하다. 해악을 고지하는 방법에는 제한이 없다. 공갈행위는 재물이나 재산상 이익을 처분할 수 있는 지위에 있는 사람에게 행해져야 한다. 외포심을 일으키게 할 목적으로 폭행 또는 협박을 했지만, 상대방이 공포를 느끼지 아니한 경우에는 공갈죄는 미수에 그친 것으로 평가할 수 있다. 공갈죄의 미수범은 기수범에 정한 형의 2분의 1을 감경하여 처벌할 수 있다.

'재물의 교부'에서의 재물은 사기죄 및 횡령죄에서 말하는 그것과 같은 의미이다. '교부(交付)'는 소지 또는 소유하고 있는 사람이 스스로 내어주는 것을 말한다. 따라서 행위자가 피해자를 공갈한 결과 피해자가 항거불능(반항불가)의 상태에 있음을 기화로 교부를 받는 것이 아니라 행위자가 탈취(奪取)하는 경우에는 공갈죄보다 무거운 형벌로 다스리는 강도죄(「형법」 제333조)를 구성한다.

재산상의 이익을 '취득'한다고 함은 재물 외의 이익을 얻는다는 의미이다. 여기에서 말하는 '취득'은 직접 이익을 제공받는 경우뿐만 아니라 채무를 면제받는 경우와 같이 재산상 이익의 지출 내지 지급을 면하거나 그 지급을 유예 받는 경우도 포함된다.

친족 사이에 특수공갈죄를 제외한 공갈죄를 범한 때에는 고소가 있어야 공소를 제기할 수 있다. 즉 친고죄(親告罪)이다.

그러나 친족이라는 신분관계가 없는 공범에 대하여는 친고죄 규정을 적용하지 아니한다.

다. 고소장(예시)

고　　소　　장

고 소 인　　성명 :

　　　　　　(대리인)　주민등록번호 :

　　　　　　주소 :

　　　　　　전화번호 :

피고소인(1)　성명 :

　　　　　　주민등록번호 :

　　　　　　주소 :

　　　　　　전화번호 :

피고소인(2)　성명 :

주민등록번호 :

주소 :

전화번호 :

고 소 취 지

고소인은 피소소인들을 공갈죄로 고소하오니 피고소인들을 엄히
벌하여 주시기 바랍니다.

고소사실 및 이유

1. 고소인은 이 사건의 피해자인 김○○(15세)의 아버지입니다.

2. 피고소인들은 ○○고등학교 1학년에 재학 중인 자들이고, 고소
   인의 아들인 김○○은 ○○중학교 3학년입니다.

3. 피고소인들은 2024. 12. 12. 서울 ○○구 ○○동에 있는 ○
   ○중학교 부근 골목길에서 위 김○○에게 마치 때릴 듯한 태
   도를 보이면서 "너 돈 얼마나 있어? 맞고 줄래? 그냥 줄래?"
   라고 협박하고, 위 김○○이 가지고 있던 돈 5,000원을 건네
   주자 이를 갈취한 사실이 있습니다.

4. 피고소인들은 이 밖에도 위 학교 중학생들을 상대로 위와 유

사한 수법으로 돈을 갈취하는 일이 잦은 자들이라고 알려져
있기 때문에 이 고소장을 제출하게 되었습니다.

2025. 1. 20.

위 고소인   ○ ○ ○(인)

○○경찰서장 귀하

※ 이 고소장의 예시는 피해자가 미성년자이므로, 피해자의 법정대리인인 아
  버지가 작성한 내용이다.

※ 공갈죄의 피해자는 남과 여, 성년과 미성년을 가리지 않는다. 그러나 범
  죄행위자는 14세 이상이어야 죄가 성립할 수 있다. 14세 미만의 자(형사
  미성년자)는 모든 범죄에서 책임의 주체가 될 수 없어 죄가 성립하지 않
  는다.

13. 강요죄

가. 형법의 규정

> **제324조(강요)** ① 폭행 또는 협박으로 사람의 권리행사를 방해하거나 의무 없는 일을 하게 한 자는 5년 이하의 징역 또는 3천만원 이하의 벌금에 처한다.
>
> ② 단체 또는 다중의 위력을 보이거나 위험한 물건을 휴대하여 제1항의 죄를 범한 자는 10년 이하의 징역 또는 5천만원 이하의 벌금에 처한다.
>
> **제324조의2(인질강요)** 사람을 체포·감금·약취 또는 유인하여 이를 인질로 삼아 제3자에 대하여 권리행사를 방해하거나 의무 없는 일을 하게 한 자는 3년 이상의 유기징역에 처한다.

나. 강요죄의 구성요건 해설

강요죄에서 검토할 구성요건 요소는 '폭행 또는 협박', '권리행사를 방해' 및 '의무 없는 일을 하게'이다.

여기에서의 '폭행'은 피해자의 항거를 불능하게 하는 정도는 아니더라도 외포심(畏怖心)을 일으킬 정도의 폭행을 말한다. 폭행죄에서의 폭행의 개념과 같이 이해하면 무방할 것이다. '협박'도 협박죄의 그것과 동일한 것이다. 즉 해악(害惡)을 고지함으로써 상대방이 겁을 먹게 하는 모든 행위를 뜻한다.

'권리행사의 방해'는 피해자의 정당한 권리행사를 하지 못하게 하는 것을 말한다. 가령 정당한 이유가 없음에도 불구하고 피해자가 먹고 있는 음식을 먹지 못하게 하는 경우이다.

'의무 없는 일을 하게 하는 행위'는 피해자로서는 그 행위를 해야 할 아무런 이유가 없음에도 불구하고 폭행 또는 협박에 이기지 못하여 그 일을 하게 하는 일체의 경우를 말한다.

강요죄의 미수범(未遂犯)은 처벌한다. 여기에서 말하는 미수범이란 행위자가 강요죄를 저지를 의도로 폭행 또는 협박에 해당하는 행위는 하였으나, 그 뜻을 이루지 못한 경우를 말한다. 미수범은 기수범(旣遂犯)에 정한 형의 2분의 1을 감경할 수 있다.

「형법」 제324조의2에서 규정한 인질강요죄를 범한 자 및 그 죄의 미수범이 인질을 안전한 장소로 풀어준 때에는 그 형을 감경할 수 있다. 이는 법관의 재량에 의한 감경이다.

다. 고소장(예시)

고　소　장

고 소 인　　성명 :

　　　　　　주민등록번호 :

　　　　　　주소 :

　　　　　　전화번호 :

피고소인　　성명 :

　　　　　　주민등록번호 :

　　　　　　주소 :

　　　　　　전화번호 :

고　소　취　지

고소인은 피고소인을 강요죄로 고소하오니 피고소인을 엄한 형벌로 다스려 주시기 바랍니다.

고소사실 및 이유

1. 피고소인은 ○○시 ○○동 ○○-○에 있는 '○○유통'을 운영

하는 사업주이고, 고소인은 위 ○○유통에서 운전기사로 일하는 피용자입니다.

2. 피고소인은 2024. ○. ○. 위 ○○유통에서 그 날은 공휴일이어서 휴무일이고, 고소인은 하루 전 날 새벽까지 운전업무를 수행한 사실이 있어 휴일근로를 할 수 없는 상황이었음에도 불구하고, 휴일이라는 이유로 쉬지 말고 일을 하라고 요구하였습니다.

3. 고소인으로서는 휴식이 절대적으로 필요하다고 설명하면서 이를 거부하였으나, 피고소인은 고소인에 대하여 "오늘 일을 하기 싫으면 앞으로는 출근도 하지 마, 이 개새끼야"라고 소리를 지르면서 뺨을 때리는 바람에 어쩔 수 없이 휴일근로를 한 사실이 있습니다.

4. 고소인으로서는 피고소인의 위와 같은 행위는 강요죄가 성립한다고 생각하여 고소하게 되었습니다.

5. 참고로, 위 일이 있은 직후 피고소인은 고소인을 해고한 사실도 있습니다.

2025. 1. 20.

고소인 ○ ○ ○(인)

```
┌─────────────────────────────────────────────┐
│                                               │
│   ○○지방검찰청  ○○지청 귀중                    │
│                                               │
│                                               │
└─────────────────────────────────────────────┘
```

※ 공무원이 직권을 남용하여 강요죄에 해당하는 행위, 즉 사람으로 하여금 의무 없는 일을 하게 하거나 사람의 권리행사를 방해한 때에는 직권남용죄를 구성한다(「형법」 제123조). 여기의 '직권(職權)'은 해당 공무원의 직책에 따라 주어진 권한을 말하고, '남용(濫用)'은 직권의 범위를 벗어나는 일을 행하는 것을 말한다.

※ 「근로기준법」 제7조는 "사용자는 폭행, 협박, 감금, 그 밖에 정신상 또는 신체상의 자유를 부당하게 구속하는 수단으로써 근로자의 자유의사에 어긋나는 근로를 강요하지 못한다."고 규정하고, 같은 법 제107조는 이를 위반한 자는 5년 이하의 징역 또는 5천만원 이하의 벌금에 처한다고 규정하였다.

위 고소장(예시)의 내용은 정신상의 자유를 부당하게 구속하는 수단으로써 근로자의 자유의사에 어긋나는 근로를 강요한 행위에 해당한다. 따라서 「근로기준법」을 위반한 범죄행위이다.

「근로기준법」은 「형법」에 대한 특별법이다. 특별법은 일반법에 우선하여 적용되어야 한다(특별법우선의 원칙).

그러나 일반인으로서는 이와 같은 특별법규정이 존재하는지 여부까지를 모두 알기란 쉽지 않다. 이러한 때에도 위 고소장(예시)처럼 「형법」의 규정이 정하는 구성요건에 충실한 내용의 고소장을 작성하여 제출하여도 무방할 것이다. 정확한 법조(法條)의 적용은 검사의 몫이기 때문이다.

14. 강제집행면탈죄

가. 형법의 규정

> **제327조(강제집행면탈)** 강제집행을 면할 목적으로 재산을 은닉,
> 손괴, 허위양도 또는 허위의 채무를 부담하여 채권자를 해한 자는
> 3년 이하의 징역 또는 1천만원 이하의 벌금에 처한다.

나. 강제집행면탈죄의 구성요건 해설

강제집행면탈죄의 키워드는 '강제집행을 면할 목적', '은닉', '손괴', '허위양도', '허위의 채무 부담'으로 요약할 수 있다.

'강제집행을 면할 목적'은 범인(犯人)의 주관적인 의사를 말하는 것이다 (목적범). 따라서 이 목적은 범인이 스스로 인정(자백)을 하지 않는 한 명백히 드러나지 않는다. 결국 수사기관이 이 목적을 밝힘에 있어서는 범인이 재산을 은닉, 손괴, 허위양도하거나 허위의 채무를 부담할 당시의 여러 사정을 종합적으로 고려하여 정황에 의해 판단하게 된다.

'은닉(隱匿)'은 재산의 소재지를 몰래 옮김으로써 그 소재를 찾는 것이 불가능하거나 매우 어렵게 하는 행위를 말하고, '손괴(損壞)'는 재산의 효용가치를 없애거나 떨어뜨리는 행위를 말한다.
재산을 '허위로 양도'한다고 함은 매매, 증여 등의 법률행위[17]가 없음

에도 불구하고, 마치 그러한 법률행위가 있는 것처럼 소유자를 변경하는 행위를 말한다.

'허위의 채무부담'은 금전거래가 없음에도 불구하고, 행위자(법인)의 재산에 대하여 제3자를 채권자로 하는 근저당권을 설정해주는 경우와 같이 채권자가 강제집행을 실행하기 전에 재산적 가치를 감소케 하는 행위를 하는 경우를 말한다.

다. 고소장(예시)

<table>
<tr><td colspan="2" align="center">고　　소　　장</td></tr>
<tr><td>고 소 인</td><td>성명 :</td></tr>
<tr><td></td><td>주민등록번호 :</td></tr>
<tr><td></td><td>주소 :</td></tr>
<tr><td></td><td>전화번호 :</td></tr>
<tr><td>피고소인</td><td>성명 :</td></tr>
<tr><td></td><td>주민등록번호 :</td></tr>
</table>

---

17) 법률행위 :「민법」의 규정에 의하여 법률효과를 발생케 하는 유형을 큰 틀에서 구분하면 '법률의 규정' 및 '법률행위'가 있다. 앞의 것은 법률의 규정 자체에 의해서 법률효과가 생기는 경우(경매, 상속, 판결 등)이고, 뒤의 것은 당사자의 의사에 의하여 법률효과가 생기는 경우(매매, 증여, 교환 등)이다.

주소 :

전화번호 :

고 소 취 지

고소인은 피고소인의 아래 행위를 강제집행면탈죄로 고소하오니
피고소인을 엄히 벌하여 주시기 바랍니다.

고소사실 및 이유

1. 고소인은 피고소인에 대하여 300,000,000원의 채권을 가지고
   있으며, 위 채권은 갚는 시기가 이미 지났습니다.

2. 피고소인은 고소인이 강제집행(경매신청)을 하려는 움직임을
   보이자 이를 면탈할 목적으로 2024. 12. 12. ○○:○○ 서울
   강남구 ○○동 ○○-○에 있는 대지 및 건물을 피고소인의
   처남인 ○○○에게 매매한 것처럼 소유권이전등기를 마쳤습니
   다.

3. 위 부동산에 대한 소유권을 이전받은 ○○○은 재산은커녕 직
   업도 없이 살던 사람입니다. 그런데, 위 부동산의 등기사항전
   부증명서에 의하면 위 부동산의 매매가는 350,000,000원이라

고 기재되어 있습니다. 따라서 위 소유권이전등기는 허위양도에 따른 것임이 명백하다고 판단하여 이건 고소장을 제출하기에 이르렀습니다.

입증방법 및 첨부서류

지불각서 사본   1통.
부동산등기사항전부증명서   2통.

2025. 1. 20.

고소인   ㅇ ㅇ ㅇ(인)

ㅇㅇㅇ경찰서장 귀하

※ 강제집행면탈죄는 채무자가 가압류, 경매(압류 포함), 처분금지가처분 등의 강제집행을 받지 않기 위해서 재산을 미리 **빼돌리는** 행위를 처벌하는 죄이다. 따라서 강제집행이 임박한 상황이 아닌 때이거나 일부 재산을 **빼돌렸더라도** 모든 채무를 갚는데 부족함이 없는 재산이 아직 행위자에게 남아 있는 경우에는 이 죄가 성립하지 않는다고 해석하여야 한다.

※ 이 고소장(예시)에서는 '갚는 시기'라고 표현하였다. 「민법」은 이를 '변제기

(辨濟期)'라고 표현하고 있다.

※ 고소장에는 입증자료로 채권이 있음을 증명하는 자료 및 강제집행의 대상이 될 수 있었던 재산을 처분한 사실을 증명할 수 있는 자료를 덧붙인다. 여기에 해당하는 자료로는 부동산등기사항전부증명서, 자동차등록원부, 채권양도증서 등이 있을 것이다.

※ 위 사례에서는 부동산의 매수인(행위자의 처남)은 고소장에 포함시키지 않았다. 그러나 일반적으로는 강제집행면탈죄가 성립하는 재산을 취득한 자(매수인)는 채무자인 매도인과 공동정범의 관계에 있으므로, 그 또한 피고소인에 포함이 된다.

15. 무고죄

가. 형법의 규정

제156조(무고) 타인으로 하여금 형사처분 또는 징계처분을 받게 할 목적으로 공무소 또는 공무원에 대하여 허위의 사실을 신고한 자는 10년 이하의 징역 또는 1천500만원 이하의 벌금에 처한다.

나. 무고죄의 구성요건 해설

무고죄의 구성요건에서는 '형사처분', '목적으로', '공무소 또는 공무원', '허위의 사실' 및 '신고'가 중요한 의미를 갖는다.

'형사처분'이란 형법상의 범죄혐의뿐만 아니라 각종 특별법이 규정하는 형벌에 관한 규정과 관련하여 신고함으로서 피신고자가 수사 및 재판을 받게 되는 것을 말한다. 여기의 형사처분에는 '과태료'의 처분은 포함되지 않는다. 과태료는 행정처분 내지 비송사건(非訟事件)이기 때문이다.

무고죄는 형사처분 또는 징계처분을 받게 할 '목적으로' 신고하여야 하는 범죄이다. 즉 '목적'이라는 특수한 요건이 인정되어야만 범죄가 성립한다(목적범). 그러나 고소인으로서는 이 목적을 직접 증명하는 것은 매우 곤란하다. 이는 수사기관이 여러 가지 정황에 의하여 인정할 수밖에 없는 요소이다.

'공무소'는 공무원이 근무하는 관청을 말하고, 공무원은 형사처분 또는 징계처분의 권한을 가진 공무원을 뜻한다. 여기에는 공무소 또는 공무원을 지휘·감독할 권한을 가진 공무소 및 공무원을 포함한다.

'허위의 사실'은 객관적으로 진실한 사실에 부합하지 아니한 사실을 말한다. 여기의 허위사실을 판단함에 있어서는 중요한 기준이 있다. 신고의 내용에 포함된 여러 가지 사실 중 일부의 사실은 진실한 사실이지만, 그 밖의 일부의 사실은 진실에 부합하지 아니하는 사실인 경우의 문제이다. 일부 사실이 진실에 부합하지 않더라도 중요한 부분이 진실에 부합한다면 무고죄를 구성하지 않는다. 따라서 이것 때문에 고소를 주저할 이유는 되지 않는다고 보아도 무방하다.

'신고'는 형사처분이나 징계처분을 촉구하는 의미의 신고를 말한다. 신고의 방법에는 제한이 없다. 따라서 여기의 신고에는 말로 하는 신고도 포함된다.

무고죄를 저지른 사람이 그 고소한 사건의 재판이나 징계처분이 확정되기 전에 자백(自白) 또는 자수(自首)한 때에는 형을 감경하거나 면제한다(「형법」 제157조 및 제153조). 자백은 자기의 죄를 스스로 고백하는 것을, 자수는 죄를 저지른 사람이 자기의 죄를 스스로 신고하는 것을 각각 말한다.

다. 고소장(예시)

고 소 장

고 소 인   성명 :

주민등록번호 :

주소 :

전화번호 :

피고소인   성명 :

주민등록번호 :

주소 :

전화번호 :

고 소 취 지

고소인은 피고소인을 무고죄로 고소하오니 피고소인을 엄히 벌하여 주시기 바랍니다.

고소사실 및 이유

1. 피고소인은 2024. 5. 5. 서울남부지방검찰청에 고소인을 상해죄로 고소한 사실이 있습니다.

2. 위 사건은 같은 해 10월 10일 위 검찰청에서 혐의없음으로 결정되어 종결이 되었습니다.

3. 위 불기소 결정을 할 당시에는 피고소인이 주장하는 상해와 관련하여 고소인의 가해행위에 따른 상처라는 증거가 없다는 취지였고, 피고소인이 고소인에 대하여 무고를 하였다는 혐의도 인정되지 않는다는 것이 주임검사의 판단이었습니다.

4. 위 결정 이후 고소인은 새로운 증거를 찾아냈습니다. 피고소인이 고소인에 대하여 고소할 당시 피고소인의 신체에 있던 상처는 피고소인이 술에 취한 상태에서 혼자 걷던 중 도로를 지나던 오토바이에 스치면서 발생한 상처라는 사실이 그것입니다. 이와 관련하여 목격한 사실을 진술할 참고인의 인적사항 및 연락처는 고소인이 출석하여 진술하는 기회에 제출하겠습니다.

붙임 : 불기소이유통지   1통.

2017. 1. 1.

위 고소인 ㅇ ㅇ ㅇ(인)

ㅇㅇㅇ경찰서장 귀하

※ 고소장의 제출을 앞두고 혹시 무고죄로 처벌을 받지는 않을까하는 염려를 하는 사례도 적지 않은 것으로 분석된다. 앞에서도 언급하였듯이 신고 사실 중 일부 사실이 객관적 진실과 다소 부합하지 않는다고 하더라도 무고죄는 성립하지 않는다. 그리고 무고죄는 피신고자(피고소인)에 대한 형사처분이나 징계처분이 확정되기 전까지 자백이나 자수를 하면 무고죄의 형

은 대부분 면제를 받는다.

※ 무고죄가 문제로 되는 경우의 대부분은 갑이 을에 대하여 고소를 하였으나, 을에 대한 범죄혐의에 대하여 '혐의없음'이라는 결정이 있는 경우이다. 이러한 무혐의결정을 하는 검사는 반드시 고소인 갑의 고소행위에 관하여 무고죄에 해당하는지 여부를 판단한다. 따라서 을이 무고죄의 고소장을 의도적으로 작성하여 제출하여야 할 경우는 그리 많지 않을 것이다.

16. 위증죄

가. 형법의 규정

> **제152조(위증, 모해위증)** ① 법률에 의하여 선서한 증인이 허위의 진술을 한 때에는 5년 이하의 징역 또는 1천만원 이하의 벌금에 처한다.
>
> ② 형사사건 또는 징계사건에 관하여 피고인, 피의자 또는 징계혐의자를 모해할 목적으로 전항의 죄를 범한 때에는 10년 이하의 징역에 처한다.
>
> **제153조(자백, 자수)** 전조의 죄를 범한 자가 그 공술한 사건의 재판 또는 징계처분이 확정되기 전에 자백 또는 자수한 때에는 그 형을 감경 또는 면제한다.

나. 위증죄의 구성요건 해설

위증죄의 구성요건 중 중요한 부분은 '법률에 의하여 선서한 증인' 및 '허위의 진술'이다.

위증죄의 주체가 되기 위해서는 '법률에 의하여 선서한 증인'이라는 신분(身分)이 있어야 한다(신분범). 따라서 법률의 규정이 없음에도 선서한 경우에는 이 죄의 주체(범인)가 될 수 없다.

'허위의 진술'은 그 진술 내용이 객관적 사실에는 부합하더라도 증인의 기억과는 일치하지 않는 진술을 말한다. 이를 바꾸어 말하면, 증인의 기억에 일치하는 한 객관적 사실과는 다른 진술일지라도 위증죄가 성립하지 않는다.

국회에서 선서한 증인이 위증한 경우에는 「국회에서의 증언·감정 등에 관한 법률」 제14조에 의한 위증죄를 구성한다.

다. 고소장(예시)

고   소   장

고 소 인　　성명 :

주민등록번호 :

주소 :

전화번호 :

피고소인　　성명 :

주민등록번호 :

주소 :

전화번호 :

죄명 : 위증

고　소　취　지

고소인은 피고소인을 위증죄로 고소하오니 피고소인을 엄히 벌하여 주시기 바랍니다.

고소사실 및 이유

1. 고소인은 2024. 1. 무렵부터 현재까지 고소외 ○○○와의 사이에 민사소송을 계속하고 있습니다. 사건번호 및 사건명은

2024가합○○○○호 부동산소유권이전등기입니다.

2. 피고소인은 2024. 6. 6. ○○:○○ 서울 서초구 서초동에 있는 서울중앙지방법원 제○○○호 법정에서 원고측 증인으로 출석하여 선서한 뒤 진술함에 있어서 "2023년 4월 4일 원고가 피고에게 토지 매매대금 중 중도금으로 돈 300,000,000원을 직접 주는 것을 보았습니다."라고 진술한 사실이 있고, 고소인의 반대신문에는 "자기앞수표로 지급하였습니다."라고 진술을 하였습니다.

3. 그러나 고소인은 2023. 4. 3. 출국하여 미국에 체류하다가 같은 달 7일 귀국한 사실이 있으므로, 피고소인의 위 진술은 허위의 사실에 관한 것입니다. 따라서 피고소인의 당시 진술은 위증죄를 구성한다고 생각하여 이건 고소를 하게 되었습니다.

입증방법 및 첨부서류

1. 증인신문조서 등본   1통.
2. 여권 사본   1통.

2025. 1. 20.

```
              위 고소인   ㅇ ㅇ ㅇ(인)


  ㅇㅇ경찰서장 귀하
```

※ 위증죄는 주로 법정에서 선서한 증인이 허위사실을 진술(증언)하는 경우에
  문제로 된다. 증인이 법정에서 진술하는 경우의 대부분은 타인의 형사사
  건 또는 민사사건이다. 형사사건의 경우에는 검사와 피고인측 및 재판장
  이 질문하는 등 증인을 신문(訊問)하는 절차를 거친다. 민사절차에서는
  원고와 피고 및 재판장이 신문한다. 증인이 이와 같은 절차에서 위증을
  했더라도 해당 증인신문 절차가 종료하기 전에 위증 부분을 번복하여 진
  술하는 경우에는 위증죄는 성립하지 않는다.
※ 위증죄로 고소할 때에는 법원에서 보관중인 '증인신문조서'의 등본을 교부
  받은 다음 이를 고소장에 첨부하여야 한다.

17. 김영란법

가. 김영란법에 관한 이해

이 법의 시행을 전후한 때 우리 사회는 이 법에 대한 기대와 우려가 공존하면서 이 법이 사회적 이슈로 떠오른 적이 있다. 법이 시행된 때로부터 수년이 지난 지금은 이른바 더치페이(Dutch pay : 갹출(醵出)) 문화, 5만원 이하 단위의 선물포장 등 법의 순기능이 정착되어 가는 듯이 보이기도 한다.

'김영란법'으로 알려진 이 법의 공식적인 법명(法名)은 「부정청탁 및 금품등 수수의 금지에 관한 법률」이다.

김영란 전 국민권익위원회 위원장이 최초로 문제제기를 한 이후 우여곡절을 거쳐 시행된 이 법의 입법목적은 "공직자 등에 대한 부정청탁 및 공직자 등의 금품 등의 수수(收受)를 금지함으로써 공직자 등의 공정한 직무수행을 보장하고 공공기관에 대한 국민의 신뢰를 확보하는 것"이다.

이 법을 제정하여 시행(시행일 : 2016. 11. 30.)하게 된 주된 이유를 살펴본다.

첫째는, 과거부터 「형법」은 뇌물죄의 주체를 공무원으로 한정하였는데, 이 주체를 정부 또는 지방정부의 투자기관 임직원, 사립학교 교원 및 재단의 임직원, 언론기관의 임직원, 공무를 수행하는 사인(私人) 및 그들의 배우자까지 확장하는 것을 내용으로 하였다.

둘째는, 과거에 「형법」상의 뇌물죄를 적용할 때 어려움이 있었던 '부정한 청탁'이라는 구성요건에 대한 반성이다. 따라서 이 법은 일정한 경우에는 '부정한 청탁'의 유무를 불문하고 이 법을 적용할 수 있게 한 것이다.

이 법을 적용받는 사람의 범위와 이 법이 금지하는 '금품등'의 범위 및 금지행위(제재 포함) 등은 목차를 달리하여 정리한다.

나. 김영란법을 적용받는 사람의 범위

'공직자 등'의 범위

1. 「국가공무원법」 또는 「지방공무원법」에 따른 공무원과 그 밖에 다른 법률에 따라 그 자격·임용·교육훈련·복무·보수·신분보장 등에 있어서 공무원으로 인정된 사람

2. 「공직자윤리법」 제3조의2에 따른 공직유관단체, 「공공기관의 운영에 관한 법률」 제4조에 따른 기관의 장과 그 임직원

   ↳ **「공직자윤리법」 제3조의2(공직유관단체)** ① 제9조제2항제8호에 따른 정부공직자윤리위원회는 정부 또는 지방자치단체의 재정지원 규모, 임원선임 방법 등을 고려하여 다음 각 호에 해당하는 기관·단체를 공직유관단체로 정할 수 있다.
   1. 한국은행
   2. 공기업
   3. 정부의 출자·출연·보조를 받는 기관·단체(재출자·재출연을 포함한

다), 그 밖에 정부 업무를 위탁받아 수행하거나 대행하는 기관·단체

4. 「지방공기업법」에 따른 지방공사·지방공단 및 지방자치단체의 출자·출연·보조를 받는 기관·단체(재출자·재출연을 포함한다), 그 밖에 지방자치단체의 업무를 위탁받아 수행하거나 대행하는 기관·단체

5. 임원 선임 시 중앙행정기관의 장 또는 지방자치단체의 장의 승인·동의·추천·제청 등이 필요한 기관·단체나 중앙행정기관의 장 또는 지방자치단체의 장이 임원을 선임·임명·위촉하는 기관·단체

② 제1항에 따른 공직유관단체의 지정기준 및 절차, 그 밖에 필요한 사항은 대통령령으로 정한다.

↳「공공기관의 운영에 관한 법률」제4조(공공기관) ① 기획재정부장관은 국가·지방자치단체가 아닌 법인·단체 또는 기관(이하 "기관"이라 한다)으로서 다음 각 호의 어느 하나에 해당하는 기관을 공공기관으로 지정할 수 있다.

1. 다른 법률에 따라 직접 설립되고 정부가 출연한 기관

2. 정부지원액(법령에 따라 직접 정부의 업무를 위탁받거나 독점적 사업권을 부여받은 기관의 경우에는 그 위탁업무나 독점적 사업으로 인한 수입액을 포함한다. 이하 같다)이 총수입액의 2분의 1을 초과하는 기관

3. 정부가 100분의 50 이상의 지분을 가지고 있거나 100분의 30 이상의 지분을 가지고 임원 임명권한 행사 등을 통하여 당해 기관의 정책 결정에 사실상 지배력을 확보하고 있는 기관

4. 정부와 제1호 내지 제3호의 어느 하나에 해당하는 기관이 합하여 100분의 50 이상의 지분을 가지고 있거나 100분의 30 이상의 지분을 가지고 임원 임명권한 행사 등을 통하여 당해 기관의 정책 결정에 사실상 지배력을 확보하고 있는 기관

5. 제1호 내지 제4호의 어느 하나에 해당하는 기관이 단독으로 또는 두 개 이상의 기관이 합하여 100분의 50 이상의 지분을 가지고 있거나 100분의 30 이상의 지분을 가지고 임원 임명권한 행사 등을 통하여 당해 기관의 정책 결정에 사실상 지배력을 확보하고 있는 기관

6. 제1호 내지 제4호의 어느 하나에 해당하는 기관이 설립하고, 정부 또는 설립 기관이 출연한 기관

② 제1항의 규정에 불구하고 기획재정부장관은 다음 각 호의 어느 하나에 해당하는 기관을 공공기관으로 지정할 수 없다.

1. 구성원 상호 간의 상호부조 · 복리증진 · 권익향상 또는 영업질서 유지 등을 목적으로 설립된 기관

2. 지방자치단체가 설립하고, 그 운영에 관여하는 기관

3. 「방송법」에 따른 한국방송공사와 「한국교육방송공사법」에 따른 한국교육방송공사

③ 제1항제2호의 규정에 따른 정부지원액과 총수입액의 산정 기준 · 방법 및 동항제3호 내지 제5호의 규정에 따른 사실상 지배력 확보의 기준에 관하여 필요한 사항은 대통령령으로 정한다.

3. 「초 · 중등교육법」, 「고등교육법」, 「유아교육법」 및 그 밖의 다른 법령에 따라 설치된 각급 학교 및 「사립학교법」에 따른 각급 학교의 장과 교직원 및 학교법인의 임직원

4. 「언론중재 및 피해구제 등에 관한 법률」 제2조제12호에 따른 언론사의 대표자와 그 임직원

  ↳ 「언론중재 및 피해구제 등에 관한 법률」 제2조(정의) 이 법에서 사용하는 용어의 뜻은 다음과 같다.

  12. "언론사"란 방송사업자, 신문사업자, 잡지 등 정기간행물사업자, 뉴스

통신사업자 및 인터넷신문사업자를 말한다.

공무수행 사인(私人)

1. 「행정기관 소속 위원회의 설치·운영에 관한 법률」 또는 다른 법령에 따라 설치된 각종 위원회의 위원 중 공직자가 아닌 위원
2. 법령에 따라 공공기관의 권한을 위임·위탁받은 법인·단체 또는 그 기관이나 개인
3. 공무를 수행하기 위하여 민간부문에서 공공기관에 파견 나온 사람
4. 법령에 따라 공무상 심의·평가 등을 하는 개인 또는 법인·단체

다. 금품등의 범위

'금품등'의 범위

1. 금전, 유가증권, 부동산, 물품, 숙박권, 회원권, 입장권, 할인권, 초대권, 관람권, 부동산 등의 사용권 등 일체의 재산적 이익

> 2. 음식물·주류·골프 등의 접대·향응 또는 교통·숙박 등의 편의 제공
>
> 3. 채무 면제, 취업 제공, 이권(利權) 부여 등 그 밖의 유형·무형의 경제적 이익

라. 김영란법을 적용받지 않는 행위

> ### 부정한 청탁으로 보지 않는 행위
>
> 1. 「청원법」, 「민원사무 처리에 관한 법률」, 「행정절차법」, 「국회법」 및 그 밖의 다른 법령·기준(제2조제1호나목부터 마목까지의 공공기관의 규정·사규·기준을 포함한다. 이하 같다)에서 정하는 절차·방법에 따라 권리침해의 구제·해결을 요구하거나 그와 관련된 법령·기준의 제정·개정·폐지를 제안·건의하는 등 특정한 행위를 요구하는 행위
>
> 2. 공개적으로 공직자등에게 특정한 행위를 요구하는 행위
>
> 3. 선출직 공직자, 정당, 시민단체 등이 공익적인 목적으로 제3자의 고충민원을 전달하거나 법령·기준의 제정·개정·폐지 또

는 정책·사업·제도 및 그 운영 등의 개선에 관하여 제안·건의하는 행위

4. 공공기관에 직무를 법정기한 안에 처리하여 줄 것을 신청·요구하거나 그 진행상황·조치결과 등에 대하여 확인·문의 등을 하는 행위

5. 직무 또는 법률관계에 관한 확인·증명 등을 신청·요구하는 행위

6. 질의 또는 상담형식을 통하여 직무에 관한 법령·제도·절차 등에 대하여 설명이나 해석을 요구하는 행위

7. 그 밖에 사회상규(社會常規)에 위배되지 아니하는 것으로 인정되는 행위

마. 금품등의 수수 금지

제8조(금품 등의 수수 금지) ① 공직자등은 직무 관련 여부 및 기부·후원·증여 등 그 명목에 관계없이 동일인으로부터 1회에 100만원 또는 매 회계연도에 300만원을 초과하는 금품 등을 받거나 요구 또는 약속해서는 아니 된다.

ↄ **형벌** : 3년 이하의 징역 또는 3천만원 이하의 벌금

② 공직자등은 직무와 관련하여 대가성 여부를 불문하고 제1항에서 정한 금액 이하의 금품 등을 받거나 요구 또는 약속해서는 아니 된다.

ↄ **과태료** : 위반행위와 관련된 금품 등 가액의 2배 이상 5배 이하에 상당하는 금액

③ 제10조의 외부강의 등에 관한 사례금 또는 다음 각 호의 어느 하나에 해당하는 금품 등의 경우에는 제1항 또는 제2항에서 수수를 금지하는 금품 등에 해당하지 아니한다.

ↄ **허용되는 외부강사 등에 관한 사례금의 상한액** : 장관급 이상 50만원, 차관급 40만원, 4급 이상 30만원, 5급 이하 20만원, 공공기관의 장 40만원, 공공기관의 임원 30만원, 공공기관의 그 밖의 직원 20만원

1. 공공기관이 소속 공직자등이나 파견 공직자등에게 지급하거나 상급 공직자등이 위로 · 격려 · 포상 등의 목적으로 하급 공직자등 에게 제공하는 금품 등

2. 원활한 직무수행 또는 사교 · 의례 또는 부조의 목적으로 제공되는 음식물 · 경조사비 · 선물 등으로서 대통령령으로 정하는 가액 범위 안의 금품 등

ↄ **음식물 · 경조사비 · 선물 등 가액의 범위** : 음식물 3만원, 선물 5만원, 경조사비 10만원

3. 사적 거래(증여는 제외한다)로 인한 채무의 이행 등 정당한 권원(權原)에 의하여 제공되는 금품 등

4. 공직자등의 친족(「민법」 제777조에 따른 친족을 말한다)이 제공하는 금품 등

↳ **친족의 범위** : 8촌 이내의 혈족, 4촌 이내의 인척, 배우자

5. 공직자등과 관련된 직원상조회·동호인회·동창회·향우회·친목회·종교단체·사회단체 등이 정하는 기준에 따라 구성원에게 제공하는 금품 등 및 그 소속 구성원 등 공직자등과 특별히 장기적·지속적인 친분관계를 맺고 있는 자가 질병·재난 등으로 어려운 처지에 있는 공직자등에게 제공하는 금품 등

6. 공직자등의 직무와 관련된 공식적인 행사에서 주최자가 참석자에게 통상적인 범위에서 일률적으로 제공하는 교통, 숙박, 음식물 등의 금품 등

7. 불특정 다수인에게 배포하기 위한 기념품 또는 홍보용품 등이나 경연·추첨을 통하여 받는 보상 또는 상품 등

8. 그 밖에 다른 법령·기준 또는 사회상규에 따라 허용되는 금품 등

④ 공직자등의 배우자는 공직자등의 직무와 관련하여 제1항 또는 제2항에 따라 공직자등이 받는 것이 금지되는 금품 등(이하 "수수 금지 금품등"이라 한다)을 받거나 요구하거나 제공받기로 약속해서는 아니 된다.

↳ **형벌** : 3년 이하의 징역 또는 3천만원 이하의 벌금

⑤ 누구든지 공직자등에게 또는 그 공직자등의 배우자에게 수수 금지 금품 등을 제공하거나 그 제공의 약속 또는 의사표시를 해 서는 아니 된다.

↳ **형벌** : 3년 이하의 징역 또는 3천만원 이하의 벌금

바. 신고자 등의 보호 · 보상

제15조(신고자등의 보호 · 보상) ① 누구든지 다음 각 호의 어느 하나에 해당하는 신고 등(이하 "신고등"이라 한다)을 하지 못하도 록 방해하거나 신고등을 한 자(이하 "신고자등"이라 한다)에게 이 를 취소하도록 강요해서는 아니 된다.

1. 제7조제2항 및 제6항에 따른 신고

↳ **제7조(부정청탁의 신고 및 처리)** ① 공직자등은 부정청탁을 받았을 때에 는 부정청탁을 한 자에게 부정청탁임을 알리고 이를 거절하는 의사를 명확 히 표시하여야 한다.

② 공직자등은 제1항에 따른 조치를 하였음에도 불구하고 동일한 부정청탁 을 다시 받은 경우에는 이를 소속기관장에게 서면(전자문서를 포함한다. 이 하 같다)으로 신고하여야 한다.

⑥ 공직자등은 제2항에 따른 신고를 감독기관 · 감사원 · 수사기관 또는 국민 권익위원회에도 할 수 있다.

2. 제9조제1항, 같은 조 제2항 단서 및 같은 조 제6항에 따른 신고 및 인도

↳**제9조(수수 금지 금품등의 신고 및 처리)** ① 공직자등은 다음 각 호의 어느 하나에 해당하는 경우에는 소속기관장에게 지체 없이 서면으로 신고하여야 한다.

   1. 공직자등 자신이 수수 금지 금품등을 받거나 그 제공의 약속 또는 의사표시를 받은 경우

   2. 공직자등이 자신의 배우자가 수수 금지 금품등을 받거나 그 제공의 약속 또는 의사표시를 받은 사실을 안 경우

② 공직자등은 자신이 수수 금지 금품등을 받거나 그 제공의 약속이나 의사표시를 받은 경우 또는 자신의 배우자가 수수 금지 금품등을 받거나 그 제공의 약속이나 의사표시를 받은 사실을 알게 된 경우에는 이를 제공자에게 지체 없이 반환하거나 반환하도록 하거나 그 거부의 의사를 밝히거나 밝히도록 하여야 한다. 다만, 받은 금품등이 다음 각 호의 어느 하나에 해당하는 경우에는 소속기관장에게 인도하거나 인도하도록 하여야 한다.

   1. 멸실·부패·변질 등의 우려가 있는 경우

   2. 해당 금품등의 제공자를 알 수 없는 경우

   3. 그 밖에 제공자에게 반환하기 어려운 사정이 있는 경우

⑥ 공직자등은 제1항 또는 같은 조 제2항 단서에 따른 신고나 인도를 감독기관·감사원·수사기관 또는 국민권익위원회에도 할 수 있다.

3. 제13조제1항에 따른 신고

↳**제13조(위반행위의 신고 등)** ① 누구든지 이 법의 위반행위가 발생하였거나 발생하고 있다는 사실을 알게 된 경우에는 다음 각 호의 어느 하나에 해당하는 기관에 신고할 수 있다.

1. 이 법의 위반행위가 발생한 공공기관 또는 그 감독기관

2. 감사원 또는 수사기관

3. 국민권익위원회

4. 제1호부터 제3호까지에 따른 신고를 한 자 외에 협조를 한 자가 신고에 관한 조사·감사·수사·소송 또는 보호조치에 관한 조사·소송 등에서 진술·증언 및 자료제공 등의 방법으로 조력하는 행위

② 누구든지 신고자등에게 신고등을 이유로 불이익조치(「공익신고자보호법」 제2조제6호에 따른 불이익조치를 말한다. 이하 같다)를 해서는 아니 된다.

③ 이 법에 따른 위반행위를 한 자가 위반사실을 자진하여 신고하거나 신고자등이 신고등을 함으로 인하여 자신이 한 이 법 위반행위가 발견된 경우에는 그 위반행위에 대한 형사처벌, 과태료 부과, 징계처분, 그 밖의 행정처분 등을 감경하거나 면제할 수 있다.

④ 제1항부터 제3항까지에서 규정한 사항 외에 신고자등의 보호 등에 관하여는 「공익신고자 보호법」 제11조부터 제13조까지, 제14조 제3항부터 제5항까지 및 제16조부터 제25조까지의 규정을 준용한다. 이 경우 "공익신고자등"은 "신고자등"으로, "공익신고등"은 "신고 등"으로 본다.

⑤ 국민권익위원회는 제13조제1항에 따른 신고로 인하여 공공기관에 재산상 이익을 가져오거나 손실을 방지한 경우 또는 공익의

증진을 가져온 경우에는 그 신고자에게 포상금을 지급할 수 있다.

⑥ 국민권익위원회는 제13조제1항에 따른 신고로 인하여 공공기관에 직접적인 수입의 회복·증대 또는 비용의 절감을 가져온 경우에는 그 신고자의 신청에 의하여 보상금을 지급하여야 한다.

⑦ 국민권익위원회는 제13조제1항에 따라 신고를 한 자, 그 친족이나 동거인 또는 그 신고와 관련하여 진술·증언 및 자료제공 등의 방법으로 신고에 관한 감사·수사 또는 조사 등에 조력한 자가 신고 등과 관련하여 다음 각 호의 어느 하나에 해당하는 피해를 입었거나 비용을 지출한 경우에는 신청에 따라 구조금을 지급할 수 있다. 〈신설 2021. 12. 7.〉

1. 육체적·정신적 치료 등에 소요된 비용

2. 전직·파견근무 등으로 소요된 이사비용

3. 제13조제1항에 따른 신고 등을 이유로 한 쟁송절차에 소요된 비용

4. 불이익조치 기간의 임금 손실액

5. 그 밖의 중대한 경제적 손해(인가·허가 등의 취소 등 행정적 불이익을 주는 행위 또는 물품·용역 계약의 해지 등 경제적 불이익을 주는 조치에 따른 손해는 제외한다)

⑧ 제5항부터 제7항까지의 규정에 따른 포상금·보상금·구조금의 신청 및 지급 등에 관하여는 「부패방지 및 국민권익위원회의

설치와 운영에 관한 법률」제68조부터 제70조까지, 제70조의2 및 제71조를 준용한다. 이 경우 "신고자"는 "제13조제1항에 따라 신고를 한 자"로, "신고"는 "제13조제1항에 따른 신고"로 본다. 〈개정 2019. 4. 16., 2021. 12. 7.〉

ㄴ**공익신고**에 관하여는 Ⅲ. 행정편 3. 공익신고 참조

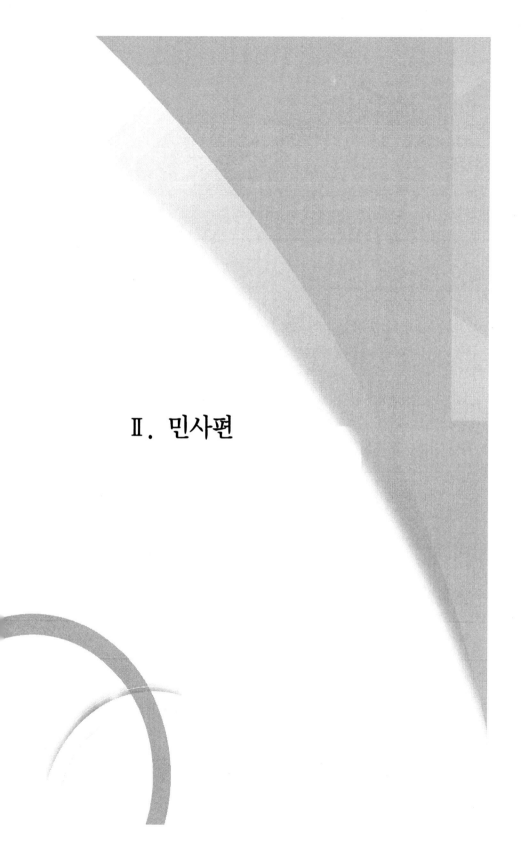

Ⅱ. 민사편

1. 내용증명우편

가. 내용증명우편에 관한 이해

우리가 일상에서 우편취급소를 찾아 이용하는 우편에는 일반우편, 등기우편, 민원우편, 특별송달우편, 배달증명우편 등 많은 종류가 있다. 내용증명우편도 이들 우편 종류의 하나이다.

내용증명우편을 이용할 때에는 발송인이 동일한 내용의 우편물 3통과 우송용 봉투 1개를 가지고 우편취급소에 찾아가서 발송인을 찍게 한 다음 우송하여야 한다. 이 발송인은 날짜를 공증(公證)하는 기능을 한다. 우편취급소에서는 3통의 우편물에 발송일을 압날(押捺 : 눌러 찍음)한 다음 한 통은 발송인에게 교부하고, 한 통은 수신인에게 우송하며, 나머지 한 통은 동일한 우편물이 발송된 사실을 증명할 목적으로 우편취급소에서 3년 동안 보관한다. 한편 이러한 내용증명우편은 우편취급소를 직접 방문하지 않고 편리하게 인터넷 '온라인 우체국-내용증명 보내기'에서 작성하여 발송할 수도 있다.

내용증명우편을 이용하는 목적은 이를 이용하는 사람에 따라, 그리고 이용의 필요성에 따라 각양각색이다. 그러나 이 우편물을 이용한 결과는 순기능만 있는 것은 아니다. 오히려 내용증명우편을 이용하지 아니함만 못할 경우도 있다는 점을 잊어서는 안 될 것이다. 이하 순기능과 역기능을 나누어 소개한다.

나. 내용증명우편의 필요성

내용증명우편을 이용하면 발송인에게 유익한 경우가 있다. 하나는 법률적으로 유익한 경우이고, 다른 하나는 심리적으로만 도움이 되는 경우이다.

여기에서는 앞의 경우에 해당하는 사례를 살펴본다. 「민법」 제449조 내지 제452조는 '채권의 양도'에 관하여 규정하였다. 채권양도의 대항요건에 관하여 규정한 제450조 제1항은 "<u>지명채권의 양도18)</u>는 양도인이 채무자에게 통지하거나 채무자가 승낙하지 아니하면 채무자 기타 제삼자에게 <u>대항19)</u>하지 못한다."고 규정하는 한편 같은 조 제2항은 "전항의 통지나 승낙은 확정일자 있는 증서에 의하지 아니하면 채무자 이외의 제삼자에게 대항하지 못한다."고 규정하였다. 위 규정이 말하

---

18) 지명채권의 양도 : 채권은 채권자가 채무자에 대하여 일정한 급부(給付)를 청구할 수 있는 권리를 말한다. 채권의 종류를 간략히 소개한다. 채권증서의 이전(移轉)에 배서를 필요로 하는 '지시채권(어음·수표 등)', 채권증서를 교부에 의하여 양도하면 채권자가 변경되는 '무기명채권(양도성예금증서)' 및 채권의 양도에 채무자의 승낙이나 채무자에 대한 통지를 필요로 하는 '지시채권'이 그것이다. 차용증, 현금보관증, 지불각서 따위가 지시채권에 해당한다. 위에서 소개한 「민법」의 규정은 지명채권의 양도에 관한 내용이다.
'지명채권의 양도'란 채권자 갑이 채무자 을에 대하여 갖고 있는 채권을 그 동일성을 유지한 채 병에게 이전(양도)하는 것을 말한다. 이러한 채권양도는 채무자인 을이 종전 채권자 갑에 대하여 승낙하거나 갑이 을에게 통지를 하여야 양도의 효력이 생긴다.
19) 대항 : '채무자에게 대항하지 못한다'는 것은 채권양도 통지나 승낙이 없으면 채권양수인이 채무자에게 자기가 채권양수인이라는 사실을 주장하지 못한다는 것을 말하고, '제3자에게 대항하지 못한다'는 것은 위 채권양도 통지나 승낙을 확정일자 있는 증서로 하지 않으면 채권 양수인이 채권 양수인의 지위와 양립할 수 없는 법률상의 지위를 취득한 자, 예를 들면 채권의 이중 양수인, 채권의 질권자, 채권을 압류 또는 가압류한 양도인의 채권자에게 우선권을 주장하지 못한다는 것을 말한다.

는 '확정일자 있는 증서'는 내용증명우편을 말한다. 이러한 경우에는 채권양도의 사실을 제3자에게 대항하기 위해서는 반드시 내용증명우편을 이용하여야 한다. 나중에 있을지도 모를 분쟁을 막기 위해서이다.

내용증명우편을 이용함으로써 법률적으로 유익한 또 다른 경우는 발송인의 의사표시가 상대방(수신인)에게 도달되었다는 사실을 증명하는 수단으로 활용될 수 있는 경우이다. 가령 어느 계약을 체결하였으나, 어떤 사정으로 인하여 계약의 내용에 따른 이행을 더 이상 기대할 수 없게 된 경우에는 해당 계약을 '해지[20]', '해제[21]' 또는 '취소[22]'한다는 뜻을 상대방에게 통지하여야 한다. 그런데, 전화를 이용하는 경우에는 상대방에게 해당 의사표시가 전달되었다는 점을 나중에 증명하기가 쉽지 않다. 따라서 이러한 경우에는 내용증명우편을 이용할 필요가 있는 것이다.

다. 내용증명우편의 위험성

내용증명우편을 발송하는 많은 사례는 상대방에게 심리적인 압박을 가하려는 의도로 파악이 된다. 발송인의 뜻대로 상대방이 중압감이나 불

---

20) 해지 : 해지는 계속적 계약관계에서 계약의 효력을 장래에 향하여 소멸케 하는 일방적 의사표시이다. 소급효가 없다는 점이 '해제'와 다르다.
21) 해제 : 계약의 '해제'란 일단 유효하게 성립한 계약을 계약 당시로 소급하여 효력을 상실케 하는 계약 당사자의 일방적인 의사표시를 말한다.
22) 취소 : 취소란 하자 있는 의사표시 또는 법률행위에 관하여 후일 무능력자, 하자 있는 의사를 표시를 한 자 및 이들의 대리인·승계인이 일방적인 의사표시에 의하여 그 효력을 소멸시키는 것을 말한다. 이 취소의 효력은 의사표시 또는 법률행위 당시로 소급하여 발생한다.

안감을 느끼고 발송인의 요구에 응한다면 순기능이라고 평가할 수 있을 것이다.

그러나 이러한 순기능을 기대했지만, 오히려 상대방의 역공(逆攻)을 받는 경우도 비일비재한 것이 현실이다. 내용증명우편의 법률적 기능이라고는 해당 우편물이 상대방에게 도달된 사실 및 도달된 날짜를 증명하는 것에 불과하다. 그 편지에 포함된 내용이 진실함을 증명하는 효력은 없다는 의미이다.

상당한 정도의 법률적 지식을 습득하지 못한 사람들이 발송하는 내용증명우편을 접하다보면 안타까운 경우를 어렵지 않게 발견할 수 있다. 앞에서 살펴본 바와 같이 내용증명우편이 상대방에게 도달되더라도 발송인은 제3자에게 그 내용이 진실한 사실임을 주장할 수는 없다. 그러나 상대방은 자기에게 유리한 부분에 관하여는 그 내용이 진실한 사실이라고 주장할 수 있다. 발송인의 의사표시이기 때문이다. 이는 내용증명우편의 역기능이라고 말할 수 있다. 따라서 내용증명우편을 함부로 이용할 것은 아니라고 해야 하겠다.

라. 내용증명우편(예시)

부동산 매매계약의 해제 통지

발신인   성명 :

             주소 :

             전화번호 :

수신인   성명 :

             주소 :

             전화번호 :

통지하는 내용

1. 첨부하는 계약서 사본은 2024. 1. 1. 발신인과 수신인 사이에 체결한 부동산 매매계약의 내용입니다.

2. 위 계약의 내용에 의하면 수신인은 매수인으로서 발신인인 매도인에게 2024. 3. 1.까지 중도금 1억원을 지급하여야 합니다.

3. 그러나 수신인은 정당한 이유 없이 위 중도금의 지급을 거절하고 있습니다.

4. 따라서 발신인으로서는 이 통지서가 수신인에게 도달한 날로부

터 상당한 기간(7일) 이내에 위 중도금의 지급이 없을 경우에
는 위 계약을 그 즉시 해제함을 통지합니다.

붙임 : 부동산 매매계약서 사본 1통.

2025. 1. 20.

위 발신인   ○ ○ ○(인)

○ ○ ○ **앞**

※ 전화번호의 기재는 생략해도 무방하다.

※ 내용증명우편은 사사로운 편지에 불과하다. 따라서 일정한 형식이 정해진
것은 없다. 그러나 발신인과 수신인은 특정이 되어야 할 것이므로, 성명,
주소는 적어주어야 할 것이다. 이 때 동일한 내용의 편지를 복수의 상대
방에게 발송할 때에는 상대방(수신인) 전원의 성명 및 주소를 표시하여야
한다.

※ 편지는 동일한 내용 3통을 작성하되, 상대방이 여러 사람인 때에는 추가
되는 1인마다 2통의 편지를 추가하여 우편취급소에 제출하면 된다.

※ 편지의 내용은 매우 신중히 검토하여 상대방에게 유리한 증거가 될 수 있
을만한 내용이 포함되지 않도록 주의를 필요로 한다. 가능한 범위 내에

서 간단·명료한 내용이 되어야 할 것이다.

※ 위 예시의 4항에서는 '상당한 기간(7일)'이라고 표현하였다. 일반적으로 상대방에게 어떠한 행위를 요구하는 경우에는 상대방이 마음만 먹으면 실행이 가능한 기간을 설정해주는 것이 바람직하다. 그 기간은 상대방이 해야 할 일의 성질에 따라 다르겠으나 금전의 지급을 요구하는 경우에는 7일 정도로 충분할 것이다. 그러나 지나치게 짧은 기간을 설정한 경우에는 법률상으로 정당성을 인정받지 못할 수도 있다는 점을 주의하여야 한다.

2. 재산 소유의 주체

가. 자연인

자연인은 생물학적 의미의 사람을 말한다. 자연인은 누구나 재산을 소유할 수 있다.

자연인 중에는 미성년인 사람, 즉 만19세 미만의 사람도 있다. 「민법」은 미성년인 사람의 경우에는 의사결정이 완벽하지 못한 사람으로 취급한다. 따라서 미성년자의 재산은 그의 친권자인 부모가 대리권을 행사한다. 이는 법률의 규정에 따른 대리인이므로, '법정대리(法定代理)'이다. 법정대리인과 다른 대리인은 본인의 위임에 의한 '위임대리인'이다. 성년에 이른 사람의 경우에도 제한능력자가 있다. 이는 「민법」이 규정하는 후견제도에 의하여 해결하고 있다. 성년후견인(제9조 내지 제11조), 한정후견인(제12조 내지 제14조), 특정후견인(제14조의2, 제14조의3)이 그것이다. 이 후견인들은 대리인과 유사한 기능을 한다. 여기에서는 구체적인 내용의 소개는 생략한다.

자연인으로서 종래의 주소나 거소(居所 : 사는 곳)를 떠나 소재를 알 수 없는 사람을 '부재자(不在者)'라고 부른다. 부재자가 재산관리인을 정하지 아니한 경우에는 이해관계인이나 검사의 청구에 의하여 가정법원이 재산관리인을 정한다(「민법」 제22조 내지 제26조).

나. 법인

법인(法人)은 생물학적으로는 존재할 수 없는 것이지만, 법률의 규정에 의하여 사람(人)으로 취급하는 존재이다. 법인은 스스로 행위를 할 수 없으므로, 해당 법인의 대표기관이 법률상의 행위를 한다. 그 권리·의무 및 책임은 법인에 귀속한다. 대표기관이라 함은 '대표이사', '대표사원', '이사장' 등을 말한다.

법인을 큰 틀에서 나누어 본다. 재단법인, 사단법인 및 회사법인이 그것이다.

재단법인은 모두 비영리의 공익법인이고, 사단법인은 영리법인과 비영리법인으로 구분된다. 재단법인은 일정한 목적을 위한 재산을 그 구성요소로 한다. 학교법인은 대표적인 공익재단이다. 최근에 나라를 어지럽게 한 미르재단, K스포츠재단 등도 이에 해당한다. 사단법인은 자연인의 결사체(結社體)이다. 한국커피협회, 전국유선업중앙회, 한국안전협회 등이 여기에 해당한다.

회사법인으로는 합명회사, 합자회사, 유한책임회사, 유한회사 및 주식회사가 있다. 회사는 설립등기에 의하여 태어나고, 청산절차에 의하여 생명을 다한다.

다. 종중(문중)

종중은 공동 선조의 후손 중 성년자들로 구성되고, 공동 선조의 분묘 수호와 봉제사(奉祭祀) 및 종중원 상호간의 친목을 목적으로 하는 자연발생적 종족집단(宗族集團)이다. 종중은 '대종중' 및 '소종중'이 있고, 동일한 종족의 집단에서도 소종중은 여러 개가 존재할 수 있다.

종중은 사단법인은 아니지만 '법인 아닌 사단' 또는 '비법인사단'이라는 이름으로 사단과 유사하게 활동하며, 재산의 소유자가 될 수 있고, 부동산에 관한 등기도 할 수 있다. 종중의 행위자는 종중의 대표자이다.

3. 대리제도

가. 대리제도에 관한 이해

우리는 복잡하고 바쁜 사회 속에서 생활한다. 때로는 질병 등의 사유로 활동에 제약을 받는 경우도 있다. 나의 일이지만 나보다는 나의 주변에 있는 사람(대리인)이 전문지식을 이용하여 어떤 일을 잘 처리할 수도 있다. 이상은 대리제도의 필요성에 관한 설명이다.

'대리(代理)'라고 함은 乙(대리인)이 甲(본인)의 이름으로(乙은 대리인이라고 표시하여야 함) 丙(제3자)에 대하여 의사표시를 하거나, 丙으로부터 받은 의사표시의 효과가 직접 甲에게 귀속되게 하는 제도이다. 그렇지만 이 구조에서의 乙은 단순한 심부름꾼은 아니다. 「민법」은 단순한 심부름꾼을 대리와 구별하기 위하여 '사자(使者)'라고 부른다.

대리권을 수여하는 행위는 보통 위임장을 작성하여 대리인에게 교부한다. 이는 뒤에서 예시를 소개한다.

「민법」 제114조 내지 제136조는 대리에 관하여 규정하였다. 이하 위 규정들 중 중요한 내용을 발췌하여 쉽게 풀어본다.

나. 대리행위의 효력

대리인이 그 권한의 범위 내에서 본인을 위한 것임을 표시한 의사표시는 직접 본인에 대하여 효력이 생긴다. 그리고 제3자가 대리인에 대하여 의사표시를 하면 이는 본인에게도 효력이 생긴다.

여기에서 말하는 '의사표시'란 법률상의 효과를 가져 오게 하는 상대방에 대한 표시를 말하는데, 여기에 해당하는 예로는 '팔겠다', '사겠다', '취소한다', '계약을 해제한다', '대가나 조건 없이 주겠다' 등이 있다. 마지막의 것은 증여한다는 의사표시이다.

그러나 대리인이 의사표시를 함에 있어서 본인을 위한 것임을 표시하지 아니한 때에는 그 의사표시는 대리인 자신을 위한 것으로 본다. 이 경우에도 상대방이 어떤 이유로든 대리인으로서 행위하는 것이라는 점을 알았거나 알 수도 있었을 때에는 본인에게도 효력이 생긴다. 이는 표현대리의 문제이다.

다. 대리권의 범위

대리인이 본인을 위하여 행사할 수 있는 대리권은 본인이 대리인에게 수여한 대리권에 명시된 범위임은 더 설명할 필요가 없을 것이다. 그러나 그 대리권의 수여행위에 구체성이 결여됨에 따라 그 대리권의 범위가 명확하지 아니함으로써 마치 대리권의 범위를 정하지 아니한 것과 같은 경우, 가령 "위임인은 대리인에게 위임인 본인의 재산관리를 위임한다."와 같은 경우가 문제이다.

이처럼 대리권의 범위를 정하지 아니한 대리인은 보존행위, 즉 대리의 목적인 물건이나 권리의 성질을 변하지 아니하는 범위에서 그 이용 또는 개량하는 행위만을 할 수 있다. 여기의 '보존행위'란 본인에게 유리하게 하는 행위라고 이해하면 무방할 것이다.

대리는 그 성질상 허용되지 않는 경우도 있다. 혼인, 입양, 유언 등 신분행위(身分行爲)의 영역이 그러하다. 이들을 일신전속적 행위(一身 專屬的 行爲)라고 한다.

라. 복대리(複代理)

복대리는 대리인이 자기의 이름으로 선임하는 또 한 사람의 대리인이다. 가령 본인 甲의 대리인인 乙이 복대리인으로 丙을 선임하는 경우를 말한다.

위 사례에서 乙이 丙을 복대리인으로 선임할 때에는 乙이 가진 권한 (대리권)의 범위를 초과한 권한을 수여할 수 없고, 丙이 대리권을 남용하거나 부정한 방법으로 행사하면 乙도 丙과 함께 甲에게 책임을 져야 한다. 그리고 丙이 대리인으로서 하는 행위의 효과는 乙이 아니라 甲에게 귀속된다.

마. 부부의 가사대리권(家事代理權)

우리 「민법」은 부부별산제(夫婦別産制)를 채용하고 있다. 따라서 부부는 각자 자기의 재산을 소유한다. 다만, 부부와 가족이 공동으로 사용하는 가재도구 등 일상생활용구는 공동소유로 취급한다.

우리의 관습에는 아내가 남편의 인감증명서와 인감도장(이하 '인감'이라고 줄여 씀)을 임의로 사용하거나 남편이 아내의 인감을 임의로 사용하는 경우를 어렵지 않게 볼 수 있다. 이러한 경우 그 인감이 사용된 계약서 등을 유효한 것으로 볼 것인가?

부부 중 일방이 배우자의 동의가 없음에도 불구하고 배우자 명의의 인감을 사용하여 제3자로부터 금전을 차용하거나 제3자에게 채무를 부담하는 행위를 한 경우의 문제이다. 이 문제를 해결하는 이론으로써 우리 대법원은 '가사대리권'이라는 판례를 정착시켰다.

대법원의 태도를 간략히 설명하자면, 일상의 가사를 위해서 제3자에게 채무를 부담하는 경우로서 그 채무부담이 음식료품의 구입비, 자녀의 교육비, 주거의 냉난방비, 제세공과금의 납부를 위한 금전 등의 목적이면 부부가 공동으로 채무를 부담한 것으로 해석한다. 그러나 위 일상 가사대리권의 범위를 벗어난 경우에는 원칙적으로 인감의 사용을 허락하지 아니한 배우자에게는 책임이 없는 것으로 처리한다.

부부 사이에 당연히 인정되는 일상의 가사대리권을 부부 사이에 제한하더라도 이를 선의의 제3자에게 대항하지 못한다(「민법」 제827조 제2항). 여기의 '제한'은 가사대리권의 범위 내의 행위일지라도 부부 일방은 연대채무를 부담하지 않기로 하는 부부간의 계약을 의미한다. '선

의(善意)'는 착한 마음의 의미가 아니라 그러한 제한이 있다는 사실을
모르는 것을 뜻한다.

바. 위임장(예시)

위 임 장

위임인   성명 :

　　　　　주민등록번호 :

　　　　　주소 :

　　　　　전화번호 :

수임인   성명 :

　　　　　주민등록번호 :

　　　　　주소 :

　　　　　전화번호 :

위임인은 수임인에게 다음 사무의 처리를 위임합니다.

다음(위임하는 사무)

위임인에 관한 가족관계증명서를 발급받는 사무.

위임인에 관한 주민등록초본을 발급받는 사무. 끝.

붙임 : 인감증명서 1통 및 신분증 사본   1통.

2025. 1. 20.

위임인   ○ ○ ○(인)

○○○ **앞**

※ 위임하는 사무가 부동산에 관한 매매, 전세, 임대차 등인 경우에는 부동
산의 소재지, 지번 및 호수를 정확히 기재하여야 한다.

※ 인감증명서 및 신분증의 사본은 본인(위임인)의 것을 덧붙이고, 위임장에
날인한 인장은 인감도장이어야 한다.

4. 채권(債權)의 소멸시효

가. 1년 단기소멸시효 채권

다음에 기재한 채권은 1년간 행사하지 아니하면 소멸시효가 완성한다(「민법」 제164조). 그러나 채무자가 소멸시효 완성 후에 임의로 갚는 것은 수령하여도 무방하다.

1. 여관, 음식점, 대석, 오락장의 숙박료, 음식료, 대석료23), 입장료, 소비물의 대가 및 체당금24)의 채권
2. 의복, 침구, 장구25) 기타 동산의 사용료의 채권
3. 노역인26), 연예인의 임금 및 그에 공급한 물건의 대금채권
4. 학생 및 수업자의 교육, 의식27) 및 유숙28)에 관한 교주29), 숙주30), 교사의 채권

나. 3년 단기소멸시효 채권

다음에 기재한 채권은 3년간 행사하지 아니하면 소멸시효가 완성한다(민법 제163조).

1. 이자, 부양료, 급료31), 사용료 기타 1년 이내의 기간으로 정

---

23) 대석료(貸席料) : 공연장 등의 입장료
24) 체당금(替當金) : 타인을 대신하여 대여한 금전
25) 장구(葬具) : 장례에 사용되는 용구
26) 노역인(勞役人) : 일용 근로자
27) 의식(儀式) : 행사, 의전
28) 유숙(留宿) : 여인숙, 여관
29) 교주(校主) : 사립학교의 경영주, 학원의 운영자
30) 숙주(宿主) : 숙박업소 운영자
31) 급료(給料) : 일급, 월급 따위의 급여

한32) 금전 또는 물건의 지급을 목적으로 한 채권

2. 의사, 조산사, 간호사 및 약사의 치료, 근로 및 조제에 관한 채권

3. 도급받은 자, 기사 기타 공사의 설계 또는 감독에 종사하는 자
   의 공사에 관한 채권

4. 변호사, 변리사, 공증인, 공인회계사 및 법무사에 대한 직무상
   보관한 서류의 반환을 청구하는 채권

5. 변호사, 변리사, 공증인, 공인회계사 및 법무사의 직무에 관한
   채권

6. 생산자 및 상인이 판매한 생산물 및 상품의 대가

7. 수공업자 및 제조자의 업무에 관한 채권

다. 통상의 소멸시효 10년

앞에서 살펴본 단기의 소멸시효에 해당하지 아니하는 일반 채권의 소
멸시효는 10년이다. 다만, 판결, 재판상 화해, 조정, 파산절차에 의하
여 확정된 채권은 단기의 소멸시효에 해당하는 것일지라도 그 소멸시
효는 그 확정 시점으로부터 10년으로 한다. 그러나 이 경우에도 확정
당시에 변제기(辨濟期 : 갚는 시기)가 도래하지 아니한 채권은 그러하
지 아니하다.

---

32) 1년 이내의 기간으로 정한 : 갚는 시기를 1년 이내의 기간으로 정한 것
    이 아니라 1주마다, 1월마다, 1년마다와 같이 결산의 기간을 1년 이내로
    정한 것의 의미이다.

라. 상인에게 적용하는 소멸시효 5년

상행위로 인한 채권은 본법에 다른 규정이 없는 때에는 5년간 행사하지 아니하면 소멸시효가 완성된다. 그러나 다른 법령에 이보다 단기의 시효의 규정이 있는 때에는 그 규정에 의한다(상법 제64조). 이 규정은 어느 일방이 상인이면 그 상대방에게도 적용한다(상법 제3조).

'상행위'라 함은 상인이 영업을 위하여 하는 행위를 말한다. '상인'은 자기 명의로 영리를 목적으로 영업하는 사업자라고 이해하여도 무방하다.

5. 물권(物權)

가. 유치권(留置權)

타인의 물건 또는 유가증권을 점유한 자는 그 물건이나 유가증권에 관하여 생긴 채권이 변제기에 있는 경우에는 변제를 받을 때까지 그 물건 또는 유가증권을 유치할 권리가 있다. 그러나 그 점유가 불법행위로 인한 경우에는 그러하지 아니하다. 이는 민법상의 유치권이다(「민법」 제320조).

상인간의 상행위로 인한 채권이 변제기에 있는 때에는 채권자는 변제를 받을 때까지 그 채무자에 대한 상행위로 인하여 자기가 점유하고 있는 채무자 소유의 물건 또는 유가증권을 유치할 수 있다. 그러나 당사자간에 다른 약정이 있으면 그러하지 아니하다. 이는 채권자와 채무자가 모두 상인(商人)인 경우에 적용되는 상법상의 유치권이다(「상법」 제58조).

유치권은 채권자로 하여금 채권의 회수를 용이하게 하려는 목적으로 마련된 물권(物權)의 한 종류이다. 여기에서 '유치'는 채권자가 채권 전부를 회수할 때까지 목적물의 점유를 계속할 수 있음을 의미한다.

목적물이 가벼운 동산(動産)이라면 이를 소지하면서 그 용법(用法)에 따라 사용·수익하면 되지만, 그 목적물이 부동산인 경우에는 사정이 다르다.

부동산을 유치한다 함은 그 부동산을 '점유(占有)'하는 것을 뜻한다. 여기의 점유란 유치권을 행사하는 자가 해당 부동산을 사용·수익하는 것이다. 유치하는 기간 동안은 나의 건물이나 사무실처럼 사용하되, 유치권을 행사하고 있다는 사실을 외부인이 알 수 있는 표지를 부착할 필요가 있다. 이 표지는 해당 부동산의 적당한 곳(잘 보이는 곳)에 부착하면 되며, 그 내용에는 유치권자, 채무자, 채권의 내용을 간략히 적어주면 될 것이다.

유치권자가 해당 부동산을 직접 사용할 필요가 없는 경우에는 해당 부동산의 출입문 등에 시정장치를 해두는 것도 유치권에서 말하는 점유로 인정된다.

유치권을 행사함에 있어 주의할 점 한 가지가 있다. 유치권을 행사하는 동안 어떤 이유로든 점유 상태를 잃으면 유치권은 소멸한다. 점유를 강제로 빼앗긴 때에는 즉시 회복하면 된다.

나. 근저당권

저당권자는 채무자 또는 제삼자가 점유를 이전하지 아니하고 채무의 담보로 제공한 부동산에 대하여 다른 채권자보다 자기의 채권을 우선 변제를 받을 권리가 있다. 이는 보통의 저당권이다(「민법」 제356조).

저당권은 그 담보할 채무의 최고액만을 정하고 채무의 확정을 장래에 보류하여 이를 설정할 수 있다. 이 경우에는 그 확정될 때까지의 채무의 소멸 또는 이전은 저당권에 영향을 미치지 아니한다. 이는 근저당권이다(「민법」 제357조).

근저당의 경우에는 채무의 이자는 최고액 중에 산입한 것으로 본다. 근저당권은 보통의 저당권이 발전한 것이라고 이해하여도 무방하다.

요즘에는 보통의 저당권을 설정하는 경우를 찾아볼 수 없다. 모두 근저당권을 이용한다는 의미이다. 근저당권은 보통의 저당권에 비하여 채권자를 두텁게 보호하기 때문이다.

근저당권자는 채권자이다. 그러나 근저당권 설정자는 채무자임이 보통이지만, 제3자도 근저당권 설정자가 될 수 있다. 채무자 아닌 제3자도 채무자를 위하여 담보를 제공할 수 있기 때문이다.

근저당권을 설정하는 목적은 채권의 담보에 있다. 만약 채무자가 채권의 이행기까지 채무를 변제하지 아니할 경우에는 채권자는 근저당권이 설정된 목적물에 관하여 법원에 경매를 신청할 수 있다.

근저당권은 원본, 이자, 위약금, 채무불이행으로 인한 손해배상 및 근저당권의 실행비용을 담보한다. 그러나 지연배상[33]에 대하여는 원본의

---

33) 지연배상(遲延賠償) : 지연배상이라 함은 약속된 변제기 이후의 손해배상

이행기일을 경과한 후의 1년분에 한하여만 근저당권을 행사할 수 있다.

6. 재산의 공동소유

가. 공유(共有)

'공유'는 하나의 재산을 여러 사람이 지분(支分)으로 소유하는 형태를 말한다. 가령 1필(一筆)인 토지를 갑, 을, 병, 정 4인이 각각 4분의 1씩 지분으로 소유하는 경우이다. 이때 각 소유자의 지분 비율은 각자가 동일하지 않더라도 무방하다. 그리고 공유자의 수에는 제한이 없다.

공유자는 자기의 지분을 임의로 처분할 수 있고, 각 공유자는 공유물 전부에 대하여 각자의 지분 비율대로 사용·수익할 수 있다. 그러나 공유물 전부의 처분이나 변경은 공유자 전원의 동의가 있어야 한다.

공유물의 관리에 관한 사항은 공유자 전원의 동의가 있어야 한다. 그러나 보존행위는 각자가 할 수 있다. '보존행위'는 공유물의 가치를 유지 내지 증진케 하는 행위이므로, 다른 공유자에게 해를 끼치지 않기 때문이다.

공유자들이 5년 이내라는 한정된 기간을 정하여 분할을 금지한 경우가

을 말하는데, 지연배상에 대하여 당사자간에 별도로 이율을 약정하지 않았다면 법정이율을 적용한다. 민법상의 법정이율은 연 5%이고, 상법상의 법정이율은 연 6%이다.

아니면 공유자는 공유물의 분할을 청구할 수 있다. 분할금지의 계약은 갱신하더라도 5년을 초과할 수 없다.

공유물의 분할 방법에 관하여 공유자들 사이에 협의가 성립하지 않는 때에는 공유자 중 한 사람 또는 일부의 사람은 공유물의 분할을 법원에 청구할 수 있다. 공유물분할청구소송이다. 공유물분할을 청구하는 소송은 분할에 협력하지 아니하는 공유자 전원을 피고로 지정해야 하는 필요적 공동소송이다.

법원은 이 소송에서는 원칙적으로 현물(現物)로 분할할 것을 명한다. 그러나 현물로 분할할 수 없거나 현물로 분할하면 그 가액이 현저히 감손(減損)될 염려가 있는 때에는 경매에 의한 현금분할을 명한다.

나. 합유(合有)

여러 사람이 조합(組合)의 형태로 물건을 소유하는 경우를 '합유'라고 한다. 합유의 전형은 '동업'이다. 합유물의 처분과 변경은 합유자 전원의 동의가 있어야 한다. 그러나 보존행위는 합유자 각자가 할 수 있다.

합유자는 합유자 전원의 동의가 없으면 합유지분을 처분하지 못한다. 그리고 합유물은 분할을 청구할 수 없다. 이 부분은 공유지분과 다른 점이다.

합유는 조합체가 해산되거나 합유자 전원의 동의에 의하여 합유물을 양도하는 경우에 종료한다. 이때에는 합유재산을 분할할 수 있다.

다. 총유(總有)

사람들의 결사체이지만 사단법인 아닌 사단(비법인사단)이 재산을 소유하는 형태를 총유라고 한다. 이러한 결사체의 예로는 교회, 동창회, 어촌계 등이 대표적이다. 총유물에 관한 각자의 권리·의무는 구성원의 지위를 취득하거나 상실함에 따라 취득·상실한다.

총유물의 관리는 결사체 자체에 정관이나 계약이 있는 경우에는 이에 따른다. 그러나 그러한 정관 등이 없는 때에는 사원총회의 결의에 의한다. 사원총회의 결의는 사원 과반수의 출석과 출석 의결권의 과반으로 한다.

7. 부부재산

우리 「민법」은 부부별산제(夫婦別産制)를 채용하고 있다. 즉 부부의 일방이 혼인 전부터 가지고 있던 고유재산과 혼인중 자기의 명의로 취득한 재산은 일방의 특유재산으로 한다. 따라서 남편 甲의 채권자는 아내 乙의 특유재산을 압류 등 강제집행의 대상으로 삼을 수 없다. 그리고 부부는 자기의 특유재산을 각자 관리, 사용, 수익한다.

부부의 누구에게 속한 재산인지 분명하지 아니한 재산은 부부의 공유로 추정한다. 따라서 일상가사대리권의 범위를 벗어난 부부 일방에 대한 채권자는 이러한 재산의 2분의 1에 대하여는 강제집행을 할 수 있다. 일상의 가사대리권의 범주에 해당하는 경우에는 부부가 연대하여 채무를 부담한다는 점에 관하여는 앞에서 언급하였다.

8. 채무불이행

가. 계약의 해지 · 해제에 관한 이해

계약이나 법률의 규정에 의하여 당사자의 일방이나 쌍방이 해지34)나 해제35)의 권리가 있는 때에는 그 해지 또는 해제는 상대방에 대한 일방적인 의사표시로 한다. 이 의사표시는 철회36)할 수 없다.

나. 여러 종류의 해제권

당사자 일방이 그 채무를 이행하지 아니하는 때에는 상대방은 상당한 기간을 정하여 그 이행을 최고37)하고, 그 기간 내에 이행하지 아니한 때에는 계약을 해제할 수 있다. 그러나 채무자가 미리 이행하지 아니할 의사를 표시한 경우에는 최고도 필요하지 아니하다. 이를 각각 '이행지체에 따른 해제', '이행거절에 따른 해제'라고 한다.

채무자에게 책임 있는 사유로 이행이 불가능하게 된 때에는 채권자는 계약을 해제할 수 있다. 채무자에게 책임 있는 사유, 즉 채무자의 귀

---

34) 해지(解止) : 해지는 계속적 거래관계에서 계약의 효력을 장래에 대하여 소멸케 하는 일방적인 의사표시를 말한다.
35) 해제(解制) : 해제는 일단 유효하게 성립한 계약관계를 소급하여 소멸케 하는 일방적인 의사표시를 말한다. 효력이 소급한다는 점에서 해제와 다르다.
36) 철회(撤回) : 철회란 이미 상대방에게 도달한 의사표시를 다시 거두어들이는 것을 말한다.
37) 최고(催告) : 재촉하는 뜻의 통지

책사유(歸責事由)라 함은, 가령 매매계약의 목적물이 된 주택이 채무자의 과실에 의하여 불에 타 없어진 경우이다. 이를 '이행불능에 따른 해제'라고 한다.

계약의 성질 또는 당사자의 의사표시에 의하여 일정한 시일 또는 일정한 기간 내에 이행하지 아니하면 계약의 목적을 달성할 수 없는 계약에 있어서 당사자 일방이 그 시기에 이행하지 아니한 때에는 상대방은 최고를 하지 아니하고도 계약을 해제할 수 있다. 이를 '정기행위의 해제'라고 한다.

다. 해지·해제권의 불가분성

당사자의 일방 또는 쌍방이 여러 사람인 경우에는 계약의 해지나 해제는 그 전원으로부터 또는 전원에 대하여 하여야 한다. 이 경우에 해지나 해제의 권리가 어떤 이유로든 당사자 1인에 대하여 소멸한 때에는 다른 당사자에 대하여도 소멸한다.

라. 해제권 행사의 효과

당사자 일방이 계약을 해제한 때에는 각 당사자는 그 상대방에 대하여 원상회복의 의무가 있다. 그러나 제삼자의 권리를 해하지 못한다. 이 경우에 반환할 금전에는 그 받은 날로부터 이자를 가산하여야 한다.
여기에서 말하는 '제삼자'는 계약이 체결된 이후 그 계약의 목적물에 관하여 새로이 권리를 취득한 제삼자(계약 당사자 외의 자)를 말한다.

가산하여야 하는 이자는 법정(法定) 이자를 말하므로, 민사상의 계약에서는 연 5%, 상사상의 계약에서는 연 6%에 해당하는 이자를 의미한다.

원상회복의무는 동시이행의 관계에 있다. 가령 매도인 甲의 소유인 물건을 매수인 乙에게 매매하는 계약을 체결한 후 甲은 매매대금을 수령하고, 乙은 그 매매의 목적물을 인도(引渡 : 물건을 넘겨줌) 받았다고 가정하자. 이러한 상태에서 계약이 해제되면 甲은 乙에게 받은 매매대금에 법정 이자를 붙여 반환하여야 하고, 乙은 인도 받은 목적물에 목적물의 사용이익(임료 상당액)을 붙여 甲에게 반환하여야 한다. 그리고 이들 각 의무는 동시에 이루어져야 한다.

마. 해제권의 소멸

해제권의 행사 기간을 정하지 아니한 때에는 상대방은 상당한 기간을 정하여 해제권 행사 여부의 확답을 해제권자에게 최고할 수 있다. 이 경우 상당한 기간 내에 해제의 통지를 받지 못한 때에는 해제권은 소멸한다. 여기에서 말하는 '상당한 기간'이라고 함은 상대방이 확답을 할 수 있는 적당한 기간(약 1주일 정도)을 의미한다.

해제권자의 고의나 과실로 인하여 계약의 목적물이 현저히 훼손되거나 이를 반환할 수 없게 된 때 또는 가공이나 개조로 인하여 다른 종류의 물건으로 변경된 때에는 해제권은 소멸한다.

바. 채무불이행에 따른 손해배상

채무자가 채무의 내용에 좇은 이행을 하지 아니한 때에는 채권자는 손해배상을 청구할 수 있다. 그러나 채무자의 고의나 과실 없이 이행할 수 없게 된 때에는 그러하지 아니하다.

채무불이행으로 인한 손해배상은 통상의 손해를 그 한도로 한다. 특별한 사정으로 인한 손해는 채무자가 그 사정을 알았거나 알 수 있었을 때에 한하여 배상의 책임이 있다. '특별한 사정으로 인한 손해'에 관하여는 채권자가 특별한 사정과 손해액을 입증(立證, 증명)하여야 한다.

다른 의사표시가 없으면 손해는 금전으로 배상한다. 이는 손해배상의 방법을 말하며, '금전배상의 원칙'이라고 한다.

금전채무불이행의 손해배상액은 법정이율에 의한다. 그러나 법령의 제한에 위반하지 아니한 약정이율이 있으면 그 이율에 따른다. 이 경우의 손해배상에 관하여는 채권자가 손해를 증명할 필요가 없고, 채무자는 과실 없음을 주장하지 못한다. '법령의 제한에 위반하지 아니하는 약정이율'은 연 20%가 상한이다(「이자제한법」 제2조, 「이자제한법 제2조제1항의 최고이자율에 관한 규정」).

9. 불법행위 및 손해배상

가. 불법행위에 관한 이해

「민법」 제750조는 "고의 또는 과실로 인한 위법행위로 타인에게 손해를 가한 자는 그 손해를 배상할 책임이 있다."고 규정하였다. 불법행위 및 손해배상을 규정한 내용이다.

나. 책임능력

심신상실 중에 타인에게 손해를 가한 자는 배상의 책임이 없다. 그러나 고의 또는 과실로 인하여 심신상실을 초래한 때에는 그러하지 아니하다(제754조). 이는 심신상실자의 책임능력에 관한 규정이다.

미성년자가 타인에게 손해를 가한 경우에 그 행위의 책임을 변식(辨識)할 지능이 없는 때에는 배상의 책임이 없다(제753조). 이는 미성년자의 책임능력에 관한 「민법」 제753조의 규정이다. 우리 법원은 자기가 저지른 '행위의 책임을 변식할 지능'에 관하여 개략적으로 11세 내지 13세를 기준으로 파악한다.

다. 손해배상의 내용

타인의 신체, 자유 또는 명예를 해하거나 기타 정신상 고통을 가한 자는 재산 이외의 손해에 대하여도 배상할 책임이 있다. 이 경우 법원은 손해배상을 정기금채무로 지급할 것을 명할 수 있고, 그 이행을 확보하기 위하여 상당한 담보의 제공을 명할 수 있다. 여기에서 말하는

'재산 외의 손해'는 정신상의 고통에 따른 손해를 말하며, 이에 대한 배상은 '위자료(慰藉料)'이다.

타인의 생명을 해한 자는 피해자의 직계존속, 직계비속 및 배우자에 대하여는 재산상의 손해가 없는 경우에도 손해배상의 책임이 있다. 여기의 손해배상도 위자료이다. 손해배상의 청구를 함에 있어서는 '태아(胎兒)'는 이미 출생한 것으로 본다.

라. 손해를 배상할 특별한 책임자

「민법」의 규정

제755조(감독자의 책임) ① 다른 자에게 손해를 가한 사람이 제753조 또는 제754조에 따라 책임이 없는 경우에는 그를 감독할 법정의무가 있는 자가 그 손해를 배상할 책임이 있다. 다만, 감독의무를 게을리 하지 아니한 경우에는 그러하지 아니하다.

↳**제753조는** 미성년자의 책임능력, 제754조는 심신상실자의 책임능력에 관한 규정이다.

② 감독의무자를 갈음하여 제753조 또는 제754조에 따라 책임이 없는 사람을 감독하는 자도 제1항의 책임이 있다.

제756조(사용자의 배상책임) ① 타인을 사용하여 어느 사무에 종사하게 한 자는 피용자가 그 사무집행에 관하여 제삼자에게 가한 손해를 배상할 책임이 있다. 그러나 사용자가 피용자의 선임 및 그 사무 감독에 상당한 주의를 한 때 또는 상당한 주의를 하여도 손해가 있을 경우에는 그러하지 아니하다.

② 사용자에 갈음하여 그 사무를 감독하는 자도 전항의 책임이 있다.

③ 전2항의 경우에 사용자 또는 감독자는 피용자에 대하여 <u>구상권</u>38)을 행사할 수 있다.

제757조(도급인의 책임) 도급인은 수급인이 그 일에 관하여 제삼자에게 가한 손해를 배상할 책임이 없다. 그러나 도급 또는 지시에 관하여 도급인에게 중대한 과실이 있는 때에는 그러하지 아니하다.

제758조(공작물등의 점유자, 소유자의 책임) ① 공작물의 설치 또는 보존의 하자로 인하여 타인에게 손해를 가한 때에는 공작물점유자가 손해를 배상할 책임이 있다. 그러나 점유자가 손해의 방지에 필요한 주의를 <u>해태</u>39)하지 아니한 때에는 그 소유자가 손해를 배상할 책임이 있다.

② 전항의 규정은 수목(樹木)의 재식 또는 보존에 하자 있는 경우에 준용한다.

③ 전2항의 경우에 점유자 또는 소유자는 그 손해의 원인에 대한 책임 있는 자에 대하여 구상권을 행사할 수 있다.

제759조(동물의 점유자의 책임) ① 동물의 점유자는 그 동물이 타인에게 가한 손해를 배상할 책임이 있다. 그러나 동물의 종류와 성질에 따라 그 보관에 상당한 주의를 해태하지 아니한 때에는 그러하지 아니하다.

② 점유자에 갈음하여 동물을 보관한 자도 전항의 책임이 있다.

제760조(공동불법행위자의 책임) ① 수인이 공동의 불법행위로 타인에게 손해를 가한 때에는 연대하여40) 그 손해를 배상할 책임이 있다.

② 공동 아닌 수인의 행위 중 어느 자의 행위가 그 손해를 가한 것인지를 알 수 없는 때에도 전항과 같다.

③ 교사자41)나 방조자42)는 공동행위자로 본다.

---

38) 구상권(求償權) : 타인에 갈음하여 채무를 변제한 사람이 그 타인에 대하여 가지는 상환청구권
39) 해태(懈怠) : 게으름
40) 연대(連帶)하여 : 연대채무의 의미. 연대채무는 여러 명의 채무자가 각각

마. 손해배상청구권의 소멸시효

불법행위로 인한 손해배상의 청구권은 피해자나 그 법정대리인이 그 손해 및 가해자를 안 날로부터 3년간 이를 행사하지 아니하면 시효로 인하여 소멸한다. 불법행위를 한 날로부터 10년을 경과한 때에도 같다.

10. 민사소송절차

가. 통상의 민사소송절차

1) 소(訴)의 제기

소는 권리의 이행을 청구하는 원고가 관할법원에 소장(訴狀)을 제출함으로써 개시된다.

소장에는 원고, 피고, 청구취지 및 청구이유 등을 기재한다. 이에 관하여는 뒤에서 자세히 설명한다.

소송의 관할법원은 원고가 청구하는 내용이 무엇인가에 따라 다르다. 중요한 관할은 다음 표와 같다.

독립하여 채무 전부를 갚을 의무를 가지며, 그 가운데 채무자 1인 또는 수인이 채무 전부를 갚으면 나머지 채무자들의 채무도 소멸하는 다수당사자의 채무를 말함
41) 교사자(敎唆者) : 불법행위를 부추긴 자
42) 방조자(幇助者) : 불법행위에 도움을 준 자
43) 소송에서 국가를 대표하는 관청은 법무부장관이다. 그리고 법무부는 과

민사소송의 관할법원(「민사소송법」의 규정)

제2조(보통재판적) 소(訴)는 피고의 보통재판적(普通裁判籍)이 있는 곳의 법원이 관할한다.

제3조(사람의 보통재판적) 사람의 보통재판적은 그의 주소에 따라 정한다. 다만, 대한민국에 주소가 없거나 주소를 알 수 없는 경우에는 거소(居所)에 따라 정하고, 거소가 일정하지 아니하거나 거소도 알 수 없으면 마지막 주소에 따라 정한다.

제5조(법인 등의 보통재판적) ① 법인, 그 밖의 사단 또는 재단의 보통재판적은 이들의 주된 사무소 또는 영업소가 있는 곳에 따라 정하고, 사무소와 영업소가 없는 경우에는 주된 업무담당자의 주소에 따라 정한다.
② 제1항의 규정을 외국법인, 그 밖의 사단 또는 재단에 적용하는 경우 보통재판적은 대한민국에 있는 이들의 사무소·영업소 또는 업무담당자의 주소에 따라 정한다.

제6조(국가의 보통재판적) 국가의 보통재판적은 그 <u>소송에서 국가</u>

를 대표하는 관청43) 또는 대법원이 있는 곳으로 한다.

제7조(근무지의 특별재판적) 사무소 또는 영업소에 계속하여 근무하는 사람에 대하여 소를 제기하는 경우에는 그 사무소 또는 영업소가 있는 곳을 관할하는 법원에 제기할 수 있다.

제8조(거소지 또는 의무이행지의 특별재판적) 재산권에 관한 소를 제기하는 경우에는 거소지 또는 의무이행지44)의 법원에 제기할 수 있다.

제9조(어음·수표 지급지의 특별재판적) 어음·수표에 관한 소를 제기하는 경우에는 지급지의 법원에 제기할 수 있다.

제12조(사무소·영업소가 있는 곳의 특별재판적) 사무소 또는 영업소가 있는 사람에 대하여 그 사무소 또는 영업소의 업무와 관련이 있는 소를 제기하는 경우에는 그 사무소 또는 영업소가 있는 곳의 법원에 제기할 수 있다.

제18조(불법행위지의 특별재판적) ① 불법행위에 관한 소를 제기하는 경우에는 행위지의 법원에 제기할 수 있다.

제20조(부동산이 있는 곳의 특별재판적) 부동산에 관한 소를 제기하는 경우에는 부동산이 있는 곳의 법원에 제기할 수 있다.

제25조(관련재판적) ① 하나의 소로 여러 개의 청구를 하는 경우에는 제2조 내지 제24조의 규정에 따라 그 여러 개 가운데 하나의 청구에 대한 관할권이 있는 법원에 소를 제기할 수 있다.
② 소송목적이 되는 권리나 의무가 여러 사람에게 공통되거나 사실상 또는 법률상 같은 원인으로 말미암아 그 여러 사람이 공동소송인(共同訴訟人)으로서 당사자가 되는 경우에는 제1항의 규정을 준용한다.

2) 답변서의 제출

원고가 소장(원본)을 법원에 제출할 때에는 소장부본을 함께 제출하여야 한다. 소장부본은 상대방의 수에 1을 더한 수만큼 제출하되, 사건이 <u>합의부에서 관할할 사건45)</u>인 때에는 상대방의 수에 2를 더한 수만

천시에 있으므로, 관할법원은 수원지방법원 안양지원이 된다.
44) 의무이행지 : 금전의 지급을 청구하는 소에서는 '채권자의 주소지'가 의무이행지이다.
45) 합의부 관할 사건 : 같은 지방법원 및 지방법원지원의 단독판사와 합의부 사이에서 사건의 경중을 기준으로 하여 재판권의 분담관계를 정해 놓은 것을 사물관할이라고 하는데, 기본적으로 소가(소송 목적의 값)가 5억 원 이하인 민사사건은 단독판사가 심판하고, 5억 원을 초과하는 민사사건은 합의부가 심판한다(「민사 및 가사소송의 사물관할에 관한 규칙」 제2

큼 제출한다.

법원이 소장과 소장부본을 접수하면 각 피고들에게 소장부본을 송달하고, 일정한 기간(소장부본을 송달받은 다음 날부터 30일) 이내에 답변서를 제출하라고 명한다.

답변서에는 원고가 청구한 청구취지 및 청구이유에 대한 피고의 견해를 적고, 상대방의 수에 1(합의부 관할 사건은 2)을 더한 수만큼의 부본을 법원에 제출한다. 이와 관련한 내용은 뒤에서 자세히 다룬다.

3) 변론준비절차

소송절차는 변론절차에서의 심리(審理)를 거쳐 판결을 선고하는 일련의 과정이다. 법원은 피고가 답변서를 제출하면 답변서의 부본을 원고에게 송달하고, 다시 원고가 준비서면을 제출하면 이를 피고에게 송달하는 방식으로 원고와 피고가 서면에 의한 공격과 방어를 하게 한다. 이러한 절차를 변론의 준비절차라고 한다.

4) 변론절차

법원은 변론준비절차가 무르익었다고 판단하면 변론기일을 지정하여 변론절차를 진행한다. 변론기일에는 당사자(원고 및 피고)가 증거를 신청·제출하고, 법원은 증거조사를 한다. 변론절차에서 법원은 당사자에게 화해46)를 권고할 수도 있다.

조).
46) 화해(和解) : 화해라 함은 당사자가 서로 양보하여 당사자 사이의 분쟁을 끝낼 것을 약정하는 계약을 말한다. 화해에는 재판상의 화해 및 재판외

변론기일은 당사자들 모두가 증거를 제출하였다고 판단될 때까지 계속된다. 민사재판의 기간이 장기간 이어지는 경우의 대부분은 이 절차에서 오랜 기간을 소비하기 때문이다.

5) 판결의 선고

법원은 마지막 변론기일에 변론종결을 선언한다. 그리고 판결을 선고할 기일을 지정한다.

판결의 종류에는 원고 전부승소, 원고 일부승소, 원고 전부패소(청구기각) 등이 있다.

이 판결이 선고되면 패소(일부패소 포함)한 당사자는 판결을 송달받은 날부터 2주 이내에 판결에 불복(不服)하여 항소할 수 있다.

6) 소장(예시)

소   장

원고 홍 길 동

　　　주소 : 서울 강동구 ○○길 ○○-○ 행복연립 가동 01호

　　　전화번호 : 010-4725-○○○○

의 화해가 있다. 여기에서 말하는 것은 재판상의 화해이다.

전자우편주소 : ○○○○@naver.com

피고   연 놀 부

주소 : ○○시 ○○○로 ○○번길 ○○

전화번호 : 010-4128-○○○○

대여금청구의 소

청 구 취 지

1. 피고는 원고에게 돈 300,000,000원 및 이에 대하여 이 소장 부본을 송달받은 다음날부터 다 갚는 날까지 연 12%의 비율에 이한 돈을 지급하라.
2. 소송비용은 피고의 부담으로 한다.
3. 위 제1항은 가집행할 수 있다.

라는 판결을 구합니다.

청 구 이 유

원고는 2023. 12. 12. 피고에게 돈 300,000,000원을 대여한 사실이 있습니다.

위 돈을 대여함에 있어 피고는 원고에게 2016. 12. 12.까지 변제하겠다고 약속하였으며, 이자는 매월 1%를 지급하기로 약정하였습니다.

위 약정에도 불구하고 피고는 변제기를 경과하였음에도 차일피일 미루면서 위 돈을 갚지 않고 있어 부득이 이 청구에 이르렀습니다.

입 증 방 법

1. 갑제1호증 차용증

첨 부 서 류

위 입증방법	1통.
납부서	1통.
소장부본	2통.

2025. 1. 20.

위 원고 홍 길 동(인)

```
┌─────────────────────────────────────────────┐
│                                               │
│  ○○지방법원  ○○지원 귀중                        │
│                                               │
│                                               │
└─────────────────────────────────────────────┘
```

※ 소장을 제출할 때에는 청구취지에 기재한 소가(訴價 : 소송목적의 값)에
　상응하는 인지대를 은행(법원마다 구내에 있음)에 납부하고, 그 영수증을
　소장과 함께 제출하여야 한다.

※ 금전의 지급을 청구하는 소장에서의 인지대는 다음과 같은 계산식에 따른
　다. 이와 관련한 상세한 내용은 「민사소송인지법」 및 「민사소송인지규칙」
　에서 정하고 있다.

　1. 소가 1천만원 미만의 인지액 : 소가×0.005

　2. 소가 1천만원 이상 1억원 미만 : (소가×0.0045)+5,000원

　3. 소가 1억원 이상 10억원 미만 : (소가×0.004)+55,000원

　4. 소가 10억원 이상 : (소가×0.0035)+555,000원

※ 소장을 제출할 때에는 송달료를 납부하여야 하는데, 이 또한 법원 구내에
　있는 은행 지점(또는 출장소)에 납부하고, 그 영수증을 소장에 첨부하여
　야 한다. 2017. 10. 현재 「송달료규칙」이 정하는 계산식은 다음과 같다.
　〔당사자의 수 × 15회 × 5,200원〕

7) 답변서(예시)

답   변   서

사건 2024가합○○○ 대여금
원고 홍길동
피고 연놀부

위 사건에 관하여 피고는 다음과 같이 답변합니다.

청구취지에 대한 답변

원고의 청구를 기각한다.
소송비용은 원고의 부담으로 한다.
라는 판결을 바랍니다.

청구이유에 대한 답변

1. 원고가 주장한 바와 같이 2022. 12. 12. 피고가 원고로부터
   돈 300,000,000원을 차용한 것은 사실입니다.
2. 그러나 피고도 원고에 대하여 320,000,000원의 물품대금채권

을 가지고 있었습니다. 따라서 피고는 2023. 12. 12. 원고에게 내용증명우편으로 상계통지를 도달케 한 사실이 있습니다.

3. 상계의 내용은, 원고의 피고에 대한 대여금채권과 피고의 원고에 대한 물품대금채권 중 쌍방의 채권 300,000,000원에 관하여 2023. 12. 12.자로 상계처리를 한다는 것이 그것입니다.

4. 결국 피고가 원고에 대하여 채무를 부담하기는커녕 원고는 피고에 대하여 돈 20,000,000원의 채무를 부담하고 있습니다. 따라서 원고의 청구는 기각되어야 합니다.

입증방법 및 첨부서류

을제1호증 상계통지서 1통.
답변서부본 2통.

2025. 1. 20.

위 피고   연 놀 부(인)

○○지방법원 ○○지원 민사○단독 귀중

※ 원고가 소장에서 표시한 원고 및 피고의 주소 등에 오류가 없으면 피고의

답변서에는 당사자의 성명만을 적어주는 것으로 충분하다. 다음에 검토하는 준비서면에서도 마찬가지이다.

※ 청구취지에 대한 답변과 관련하여 원고가 청구한 금액 중 일부에 관하여만 부인하는 경우도 있다. 이러한 경우에는 "원고의 청구금액 중 150,000,000원 부분은 기각한다."와 같이 청구의 일부를 부인하는 태도로 답변을 할 수도 있다.

※ 입증방법으로 제출하는 증거에는 증거의 호수(號數)를 부여하는데, 원고는 '갑호증'으로, 피고는 '을호증'으로 각각 표시한다.

※ 답변서를 제출할 때에는 인지대 등 비용을 지출하지 않는다.

※ 피고가 답변하는 태도에는 원고의 주장에 대한 '부인', '일부부인', '자백' 및 '항변(抗辯)'이 있는데, 피고의 항변은 새로운 주장이 된다. 민사소송절차에서는 주장하는 당사자는 그 주장사실을 뒷받침할 수 있는 증거를 제출하여야 한다. 만약 주장사실을 입증(立證)하지 못하면 그 부분은 법원이 받아들이지 않는다. 입증의 방법으로는 서증(書證 : 서류증거)을 제출하는 방법, 인증(人證 : 증인의 진술)을 신청을 하는 방법 등이 있다.

8) 준비서면(예시)

준 비 서 면

사건   2024가합○○○ 대여금

원고   홍 길 동

피고   연 흥 보

위 사건에 관하여 원고는 다음과 같이 변론을 준비합니다.

다   음

1. 피고는 돈 300,000,000원에 관하여 상계처리를 하였다고 주장합니다. 그러나 원고는 피고가 주장하는 상계처리는 상계의 요건을 갖추지 못한 것이므로, 피고의 주장은 받아들일 수 없습니다.

2. 피고는 마치 피고의 원고에 대한 물품대금 320,000,000원이 상계적상에 있었던 것처럼 주장하고 있으나, 이 채권은 변제기에 있지 아니한 채권이며, 채권액도 다툼의 대상인 채권입니다.

3. 왜냐하면, 위 물품대금은 피고가 원고에게 공작기계를 납품한 물품대
금인데, 원고는 위 기계의 하자로 인하여 무려 400,000,000원
상당의 손해를 입은 사실이 있습니다. 따라서 원고는 피고에게 이에
따른 손해를 배상할 것을 여러 차례에 걸쳐 요구한 사실이 있고,
아직 원고와 피고 사이에 이 분쟁은 해결되지 않았습니다. 이 부분
입증자료는 다음에 제출하겠습니다.

    첨부 : 준비서면 부본   2통.

                 2025. 1. 20.

             위 원고 홍 길 동(인)

○○지방법원 ○○지원 민사○단독 귀중

※ 원고가 최초로 제출하는 것은 소장이고, 피고가 최초로 제출하는 것은 답
변서이다. 그 다음부터 원고와 피고가 제출하는 것은 모두 준비서면이다.
준비서면을 제출함에는 비용은 지출하지 않는다.

※ 위 예시에서 말하는 '상계적상(相計適狀)'은 당사자가 서로 같은 종류의 채
권을 가지고 있고, 양쪽의 채권이 모두 이행기에 이르러서 서로의 채권을

같은 액수만큼 없앨 수 있는 상태를 말한다.

앞에서 예시한 소장, 답변서 및 준비서면에서 다툼의 대상(상계 문제)인 채권은 모두 금전채권이므로, 같은 종류의 채권에 해당한다.

나. 소액사건절차

민사소송에 관한 일반법은 「민사소송법」이다. 우리는 일반적으로 민사소송이라고 하면 소송 절차가 복잡할 뿐만 아니라 소송의 기간이 짧지 않다고 인식한다. 소송에 따른 비용도 만만치 않게 들여야 하는 것으로 느낀다.

소액사건심판절차는 이러한 문제점들을 해소하려는 노력의 일환으로 마련한 제도 중 하나이다. 다만, 이 제도는 소송목적의 값이 소액(少額)인 사건에만 적용한다. 이하 민사소송에 관한 특례를 규정한 「소액사건심판법」의 골자를 소개한다.

소액사건은 소를 제기할 당시 소송목적의 값이 3천만원을 초과하지 아니하는 금전 기타 대체물(代替物)이나 유가증권의 일정한 수량의 지급을 목적으로 하는 제1심의 민사사건으로 한다.

그러나 소액사건이 되게 할 목적으로 소송목적의 값을 나누어서 여러 건의 소액사건으로 청구하는 것은 허용되지 않는다.

소가 제기된 경우에 법원은 결정으로 소장부본이나 제소조서등본47)을

---

47) 제소조서등본(提訴調書謄本) : 보통의 민사소송에서 소(訴)를 제기함에는 반드시 소장을 제출하여야 한다. 그러나 소액사건에서는 소를 제기할 때

첨부하여 피고에게 청구취지대로 이행할 것을 권고할 수 있다. 이행권고결정을 송달받은 피고는 2주 이내에 이의신청을 할 수 있고, 이의신청을 하지 아니하면 이행권고결정은 즉시 확정되어 판결과 같은 효력을 갖게 된다. 피고가 이의신청을 하더라도 법원이 기각결정을 하면 마찬가지이다. 이행권고결정이 확정되면 강제집행을 신청할 때에도 <u>집행문48)</u>이 필요치 않다.

그러나 피고의 이의신청에 대하여 법원이 기각결정을 하지 아니하면 제1심 소송절차를 진행하게 되면서 이행권고결정은 효력을 잃는다. 이때에는 이행권고결정은 <u>소장부본49)</u>의 송달로 간주한다.

소액사건은 일반의 소송절차와는 달리 변론준비절차 없이 즉시 변론을 열어야 하며, 변론기일도 원칙적으로 1회의 기일에 <u>심리50)</u>를 마쳐야 한다. 소액사건은 판사가 필요하다고 판단하면 일과시간 외 또는 공휴일에도 <u>개정51)</u>할 수 있다.

원고가 법원에 출석하여 진술을 함으로써 소장의 제출에 갈음할 수도 있다. 즉 말로만 소를 제기할 수 있는 것이다. 이때 법원은 제소조서를 작성한다.

48) 집행문(執行文) : 집행문은 경매신청 등 강제집행을 신청할 때 집행권원(執行權原 : 강제집행을 가능케 하는 문서인 판결, 조정조서, 화해조서, 지급명령 등)에 집행력이 있음을 증명하기 위하여 법원(공증인 포함)이 집행권원의 정본에 덧붙이는 문서이다.

49) 소장부본(訴狀副本) : 원고가 법원에 소장을 제출할 때에는 피고에게 송달할 용도로 소장부본 1통을 덧붙여야 한다. 소장의 부본은 법원이 피고에게 송달하는데, 이는 소장의 원본과 동일한 효력이 있다.

50) 심리(審理) : 심리는 법원이 사실관계 및 법률관계를 명확히 하기 위하여 증거조사 등을 실시하는 절차를 말한다.

51) 개정(開廷) : 소송의 심리와 재판의 선고는 법정(法庭)에서 이루어져야 한다. 개정은 이 법정을 여는 것을 뜻한다.

당사자(원고 및 피고)의 배우자·직계혈족 또는 형제자매는 법원의 허가를 받지 않고도 소송대리인이 될 수 있다. 이러한 소송대리인은 당사자와의 신분관계 및 수권관계(授權關係 : 대리권의 수여 사실)를 문서로 증명하여야 한다.

소액사건의 인지대는 보통의 소장과 같은 계산식에 따른다. 다만, 송달료의 계산식은 다음과 같다. 〔당사자의 수×10회분×5,200원〕

다. 지급명령절차

지급명령절차를 규정한 「민사소송법」 제462조 내지 제474조는 이를 '독촉절차'라고 명명하고 있다. 이는 신속하고 간편한 절차를 목적으로 하는 특수한 민사소송절차이다.

지급명령은 금전, 그 밖에 대체물(代替物)이나 유가증권의 일정한 수량의 지급을 목적으로 하는 청구에 대하여 신청할 수 있다. 다만, 대한민국에서 공시송달52) 외의 방법으로 송달할 수 있는 경우에 한한다.
지급명령절차는 채무자의 보통재판적53)이 있는 곳, 근무지, 거소지 또는 의무이행지, 어음·수표의 지급지 및 불법행위지를 관할하는 법원

---

52) 공시송달(公示送達) : 공시송달은 당사자의 주소, 거소 및 사무소 등 소송서류를 송달할 장소가 없는 경우에 하는 송달이다. 당사자에게 송달하여야 할 서류를 법원사무관등이 보관하면서 법원 게시판에 게시하고, 일정한 기간이 지나면 당사자에게 송달된 것으로 간주한다.
53) 보통재판적(普通裁判籍) : 피고의 주소지를 관할하는 법원

의 전속관할54)로 한다.

지급명령 신청을 접수한 법원은 채무자를 심문하지 아니하고 채권자가 청구한 채권을 지급하라는 명령을 적은 명령서를 채무자에게 송달한다. 이 명령을 송달받은 채무자가 2주 이내에 이의신청을 하지 아니하면 지급명령은 확정되어 확정판결과 같은 효력을 갖는다.

채무자가 지급명령을 송달받은 날부터 2주 이내에 이의신청을 한 때에는 지급명령은 그 범위 안에서 효력을 잃고, 지급명령을 신청한 때에 이의신청된 청구목적의 값에 관하여 소가 제기된 것으로 본다. 즉 보통의 소송절차로 이행하여 채권자는 원고로, 채무자는 피고로 각각 신분이 전환된다. 따라서 원고는 인지대 및 송달료를 추가로 납부하여야 한다. 지급명령을 신청할 때에는 보통의 소를 제기할 때보다 인지대 및 송달료를 덜 납부하였기 때문이다.

---

54) 전속관할(專屬管轄) 사건 : 법률이 특별히 정한 법원만 재판권을 갖는 사건

지 급 명 령 신 청 서

채권자   성명 :

             주민등록번호 :

             주소 :

             전화번호 :

             전자우편주소 :

채무자   성명 :

             주민등록번호 :

             주소 :

             전화번호 :

청 구 취 지

채무자는 채권자에게 아래 청구금액을 지급하라는 명령을 구합니다.

금 70,000,000원

위 제1항 청구금액에 대하여 이 사건 지급명령정본이 송달된 다

음날부터 다 갚는 날까지 연 12%의 비율에 의한 지연손해금

독촉절차 비용

금   원(내역 : 송달료   원, 인지대   원)

청 구 원 인

1. 채권자는 2023. 12. 31. 채무자에게 돈 70,000,000원을 대
   여한 사실이 있고, 위 돈의 반환 시기는 2024. 12. 31.까지
   로 약정하였습니다.
2. 채무자는 위 변제기가 지나도록 위 돈을 갚지 않고 있습니다.
   따라서 이 신청에 이르게 되었습니다.

첨 부 서 류

지불각서 사본   1통.
송달료납부서   1통.

2025. 1. 20.

채권자   ○   ○   ○(인)

○○지방법원 귀중

※ 인지대는 보통의 소장에서 납부하는 금액의 10분의1에 해당하는 금액을
 은행에 납부한다.

※ 송달료는 〔당사자의 수×4회분×5,200원〕에 해당하는 금액을 은행에 현금
 으로 납부한다.

※ 지연손해금은 당사자들 사이에 「이자제한법」이 정한 제한최고이자율의 범
 위(연 20%) 안에서 약정한 경우에는 그 이자율을 기재하고, 약정이 없는
 경우에는 12%를 적는다.

※ 지급명령 신청에 따라 법원이 채무자에게 지급명령을 송달한 뒤 채무자가
 이의신청서를 법원에 제출하면 지급명령은 그 범위 안에서 효력을 잃고,
 지급명령 신청서가 법원에 접수된 날에 소급하여 소장을 제출한 것과 같
 이 취급한다. 따라서 채권자는 제1심 소장을 제출하는 경우에 납부하여야
 할 인지대 및 송달료에서 지급명령신청 당시 납부한 금액을 뺀 차액을 추
 가로 납부하여야 한다.

Ⅲ. 행정편

1. 민원(民願)

가. 정보공개청구

「공공기관의 정보공개에 관한 법률」에 의하면 모든 국민은 공공기관에 대하여 정보공개를 청구할 수 있다. 이는 국민의 '알권리'를 보장하기 위한 당연한 조치이다.

'정보'란 공공기관이 직무상 작성 또는 취득하여 관리하고 있는 문서(전자문서 포함)·도면·사진·필름·테이프·슬라이드 및 그 밖에 이에 준하는 매체 등에 기록된 사항을 말한다.

.'공개'란 공공기관이 위 법에 따라 정보를 열람하게 하거나 그 사본·복제물을 제공하는 것 또는 「전자정부법」 제2조 제10호에 따른 정보통신망을 통하여 정보를 제공하는 것 등을 말한다. 여기에서 말하는 '정보통신망'이란 「전기통신기본법」 제2조 제2호에 따른 전기통신설비를 활용하거나 전기통신설비와 컴퓨터 및 컴퓨터 이용기술을 활용하여 정보를 수집·가공·저장·검색·송신 또는 수신하는 정보통신체계를 말한다. '전기통신설비'는 전기통신을 하기 위한 기계·기구·선로 기타 전기통신에 필요한 설비를 말한다.

공공기관은 전자적 형태로 보유·관리하는 정보에 대하여 청구인이 전자적 형태로 공개하여 줄 것을 요청하는 경우에는 그 정보의 성질상 현저히 곤란한 경우를 제외하고는 청구인의 요청에 따라야 한다.

정보의 공개 및 우송 등에 드는 비용은 실비(實費)의 범위에서 청구인이 부담한다.

대부분의 공공기관은 인터넷 홈페이지에 '정보공개'라는 카테고리를 마련해놓고 인터넷을 이용하여 정보공개청구를 할 수 있도록 안내하고 있다. 다음 표는 위 법을 적용받는 공공기관의 범위이다.

공공기관의 범위

1. 국가기관
가. 국회, 법원, 헌법재판소, 중앙선거관리위원회
나. 중앙행정기관(대통령 소속 기관과 국무총리 소속 기관을 포함한다) 및 그 소속 기관
다. 「행정기관 소속 위원회의 설치·운영에 관한 법률」에 따른 위원회

↳ 대통령과 그 소속 기관, 국무총리와 그 소속 기관, 「정부조직법」 제2조 제2항에 따른 중앙행정기관과 그 소속 기관

2. 지방자치단체
3. 「공공기관의 운영에 관한 법률」 제2조에 따른 공공기관

↳ 공기업 및 준정부기관

4. 「지방공기업법」에 따른 지방공사 및 지방공단

5. 그 밖에 대통령령으로 정하는 기관

↳ 「공공기관의 정보공개에 관한 법률 시행령」

1. 「유아교육법」, 「초·중등교육법」, 「고등교육법」에 따른 각급 학교 또는 그밖의 다른 법률에 따라 설치된 학교

2. 삭제

3. 「지방자치단체 출자·출연 기관의 운영에 관한 법률」 제2조제1항에 따른 출자기관 및 출연기관

↳ 지방자치단체가 설립하여 지분 100분의 10 이상을 소유하고, 행정자치부장관이 지정·고시한 기관

4. 특별법에 따라 설립된 특수법인

5. 「사회복지사업법」 제42조제1항에 따라 국가나 지방자치단체로부터 보조금 받는 사회복지법인과 사회복지사업을 하는 비영리법인

↳ 사회복지법인, 사회복지사업을 수행하는 비영리법인, 사회복지시설 보호대상자를 수용하거나 보육·상담 및 자립지원을 하기 위하여 사회복지시설을 설치·운영하는 개인

6. 제5호 외에 「보조금 관리에 관한 법률」 제9조 또는 「지방재정법」 제17조 제1항 각 호 외의 부분 단서에 따라 국가나 지방자치단체로부터 연간 5천만원 이상의 보조금을 받는 기관 또는 단체. 다만, 정보공개 대상 정보는 해당 연도에 보조를 받은 사업으로 한정한다.

공공기관은 정보공개의 청구를 받으면 10일 이내에 공개 여부를 결정하여야 한다. 이 경우 부득이한 사유가 있을 때에는 10일의 범위 내에서 공개 여부 결정 기간을 연장할 수 있다.

공공기관이 보유·관리하는 정보는 원칙적으로 공개의 대상이 된다. 다만, 다음 표에 기재된 정보는 공개하지 아니할 수 있다.

공개 청구한 정보가 다음 각 호의 어느 하나에 해당하는 부분과 공개 가능한 부분이 혼합되어 있는 경우로서 공개 청구의 취지에 어긋나지 아니하는 범위에서 두 부분을 분리할 수 있는 경우에는 다음 각 호의 어느 하나에 해당하는 부분을 제외하고 공개하여야 한다.

이의신청 절차를 거쳤음에도 불구하고 공공기관이 정보공개를 부당하게 거부하는 경우에는 행정심판 또는 행정소송의 절차를 통하여 구제받을 수도 있다. (이와 관련한 내용은 Ⅲ. 행정편 2. 행정심판·행정소송 참조)

비공개 대상인 정보

1. 다른 법률 또는 법률에서 위임한 명령(국회규칙·대법원규칙·헌법재판소규칙·중앙선거관리위원회규칙·대통령령 및 조례로 한정한다)에 따라 비밀이나 비공개 사항으로 규정된 정보

---

2. 국가안전보장·국방·통일·외교관계 등에 관한 사항으로서 공개될 경우 국가의 중대한 이익을 현저히 해칠 우려가 있다고 인정되는 정보

3. 공개될 경우 국민의 생명·신체 및 재산의 보호에 현저한 지장을 초래할 우려가 있다고 인정되는 정보

4. 진행 중인 재판에 관련된 정보와 범죄의 예방, 수사, 공소의 제기 및 유지, 형의 집행, 교정(矯正), 보안처분에 관한 사항으로서 공개될 경우 그 직무수행을 현저히 곤란하게 하거나 형사피고인의 공정한 재판을 받을 권리를 침해한다고 인정할 만한 상당한 이유가 있는 정보

5. 감사·감독·검사·시험·규제·입찰계약·기술개발·인사관리에 관한 사항이나 의사결정 과정 또는 내부검토 과정에 있는 사항 등으로서 공개될 경우 업무의 공정한 수행이나 연구·개발에 현저한 지장을 초래한다고 인정할 만한 상당한 이유가 있는 정보. 다만, 의사결정과정 또는 내부검토 과정을 이유로 비공개할 경우에는 의사결정과정 및 내부검토 과정이 종료되면 청구인에게 이를 통지하여야 한다.

6. 해당 정보에 포함되어 있는 성명·주민등록번호 등 개인에 관한 사항으로서 공개될 경우 사생활의 비밀 또는 자유를 침해할 우려가 있다고 인정되는 정보. 다만, 다음 각 목에 열거한

개인에 관한 정보는 제외한다.

　가. 법령에서 정하는 바에 따라 열람할 수 있는 정보

　나. 공공기관이 공표를 목적으로 작성하거나 취득한 정보로서 사생활의 비밀 또는 자유를 부당하게 침해하지 아니하는 정보

　다. 공공기관이 작성하거나 취득한 정보로서 공개하는 것이 공익이나 개인의 권리 구제를 위하여 필요하다고 인정되는 정보

　라. 직무를 수행한 공무원의 성명·직위

　마. 공개하는 것이 공익을 위하여 필요한 경우로서 법령에 따라 국가 또는 지방자치단체가 업무의 일부를 위탁 또는 위촉한 개인의 성명·직업

7. 법인·단체 또는 개인의 경영상·영업상 비밀에 관한 사항으로서 공개될 경우 법인 등의 정당한 이익을 현저히 해칠 우려가 있다고 인정되는 정보. 다만, 다음 각 목에 열거한 정보는 제외한다.

　가. 사업활동에 의하여 발생하는 위해(危害)로부터 사람의 생명·신체 또는 건강을 보호하기 위하여 공개할 필요가 있는 정보

　나. 위법·부당한 사업활동으로부터 국민의 재산 또는 생활을

보호하기 위하여 공개할 필요가 있는 정보

8. 공개될 경우 부동산 투기, 매점매석(買點賣惜) 등으로 특정인에게 이익 또는 불이익을 줄 우려가 있다고 인정되는 정보

나. 진정·탄원

우리는 일상에서 국가기관이나 지방자치단체에 대하여 일정한 처분 내지 행위를 요구할 때 그 문서의 명칭을 '진정서' 또는 '탄원서'라고 표시하는 경우가 있다. 이는 '민원(民願)'의 하나이다.

「민원처리에 관한 법률」은 민원을 고충민원, 법정민원, 질의민원, 건의민원 및 기타민원으로 구분하고 있다. 개인·법인·단체가 민원을 제출함에 있어 '진정서' 또는 '탄원서' 등의 명칭을 사용한 경우에도 해당 민원을 처리하는 기관에서는 이를 위 법률의 구분에 따라 분류하여 처리한다.

'기타민원'은 전화로도 신청할 수 있으나, 나머지 모든 민원은 문서(전자문서 포함)로 신청하여야 한다. '기타민원'이라 함은 법정민원, 질의민원, 건의민원 및 고충민원 외에 행정기관에 단순한 행정절차 또는 형식요건 등에 대한 상담·설명을 요구하거나 일상생활에서 발생하는 불편사항에 대하여 알리는 등 행정기관에 특정한 행위를 요구하는 민원을 말한다.

행정기관의 장은 접수한 민원이 다른 행정기관의 소관인 경우에는 접수된 민원문서를 지체 없이 소관 기관에 이송하여야 한다(「민원처리에 관한 법률」 제16조 제1항).

민원인들 중에는 민원절차에 대한 이해의 부족으로 인하여 정력과 시간을 허비하는 경우도 종종 볼 수 있다. 가령 기초지방자치단체 또는 말단 국가기관의 처분 내용이 민원인의 바라는 내용과 다른 경우에 있어서 대통령, 감사원, 대검찰청, 경찰청 등 많은 국가기관에 재차 진정서 또는 탄원서를 제출하는 사례가 그것이다. 이러한 경우의 대부분은 그 민원(진정, 탄원 등)은 해당 기관으로 이첩된다. 위 법 제16조 제1항의 규정에 의한 적법한 처리인 것이다.

민원을 접수한 기관의 처리기간은 다음과 같다. 질의민원 중 법령에 관하여 설명이나 해석을 요구하는 민원은 14일 이내, 제도·절차 등 법령 외의 사항에 관하여 설명이나 해석을 요구하는 민원은 7일 이내에 각각 처리하여야 한다. 건의민원을 접수한 행정기관의 장은 특별한 사유가 없으면 14일 이내에 처리하여야 한다. 기타민원은 특별한 사유가 없으면 즉시 처리하여야 한다. 고충민원의 처리기간도 7일이 원칙이다.

민원의 형식으로 제출된 것일지라도 다음 표의 내용에 해당하는 것은 민원으로 처리하지 아니할 수 있다.

민원처리의 예외 사유

1. 고도의 정치적 판단을 요하거나 국가기밀 또는 공무상 비밀에 관한 사항
2. 수사, 재판 및 형집행(刑執行)에 관한 사항 또는 감사원의 감사가 착수된 사항
3. 행정심판, 행정소송, 헌법재판소의 심판, 감사원의 심사청구, 그 밖에 다른 법률에 따라 불복구제절차가 진행 중인 사항
4. 법령에 따라 화해 · 알선 · 조정 · 중재 등 당사자 간의 이해 조정을 목적으로 행하는 절차가 진행 중인 사항
5. 판결 · 결정 · 재결 · 화해 · 조정 · 중재 등에 따라 확정된 권리관계에 관한 사항
6. 감사원이 감사위원회의의 결정을 거쳐 행하는 사항
7. 각급 선거관리위원회의 의결을 거쳐 행하는 사항
8. 사인 간의 권리관계 또는 개인의 사생활에 관한 사항
9. 행정기관의 소속 직원에 대한 인사행정상의 행위에 관한 사항

다. 청원(請願)

앞에서 검토한 민원 외에 특별히 「대한민국헌법」과 「청원법」이 규정한 민원을 '청원'이라고 한다. 청원의 대상 기관, 청원사항 및 청원 불수리(不受理) 사항은 다음 표와 같다.

청원대상 기관

1. 국가기관
2. 지방자치단체와 그 소속기관
3. 법령에 의하여 행정권한을 가지고 있거나 행정권한을 위임 또는 위탁받은 법인·단체 또는 그 기관이나 개인

청원사항

1. 피해의 구제
2. 공무원의 위법·부당한 행위에 대한 시정이나 징계의 요구
3. 법률·명령·조례·규칙 등의 제정·개정 또는 폐지
4. 공공의 제도 또는 시설의 운영
5. 그 밖에 국가기관 등의 권한에 속하는 사항

청원 불수리 사항

1. 감사 · 수사 · 재판 · 행정심판 · 조정 · 중재 등 다른 법령에 의한 조사 · 불복 또는 구제절차가 진행중인 때
2. 허위의 사실로 타인으로 하여금 형사처분 또는 징계처분을 받게 하거나 국가기관 등을 중상모략하는 사항인 때
3. 사인간의 권리관계 또는 개인의 사생활에 관한 사항인 때
4. 청원인의 성명 · 주소 등이 불분명하거나 청원내용이 불명확한 때

청원은 청원인의 성명(법인인 경우에는 명칭 및 대표자의 성명을 말한다)과 주소 또는 거소를 기재하고 서명한 문서(전자문서 포함)로 하여야 한다.

여러 명이 공동으로 청원을 하는 때에는 그 처리결과를 통지받을 3인 이하의 대표자를 선임하여 이를 청원서에 표시하여야 한다.

청원서에는 청원의 이유와 취지를 밝히고, 필요한 때에는 참고자료를 첨부할 수 있다.

타인을 모해(謀害)할 목적으로 허위의 사실을 적은 청원서를 제출하면 5년 이하의 징역이나 1천만원 이하의 벌금에 처한다(「청원법」 제27조, 제25조).

「국회법」 제123조 내지 제126조는 위 「청원법」에 대한 특별한 규정을 두었다. 국회에 청원을 하려고 하는 사람은 의원의 소개를 얻어 청원서를 제출하도록 하고 있는 것이 그것이다. 국회에 제출된 청원의 대부분은 이른바 '입법청원'인 점을 감안하여 국회 청원심사소위원회에서 처리한다.

2. 행정심판 · 행정소송

가. 행정심판

1) 행정심판에 관한 이해

'행정심판'이라 함은 행정청의 위법 또는 부당한 처분(處分)이나 <u>부작위(不作爲)</u>[55]로 침해된 국민의 권리 또는 이익을 구제하는 절차이다. 다만, 대통령의 처분이나 부작위에 대하여는 「행정심판법」 외의 법률에 특별한 규정이 있는 경우가 아니면 행정심판을 청구할 수 없다.

'행정청'이란 행정에 관한 의사를 결정하여 표시하는 국가 또는 지방자치단체의 기관, 그 밖에 법령 또는 <u>자치법규</u>[56]에 따라 행정권한을 가지고 있거나 위탁을 받은 공공단체나 그 기관 또는 사인(私人)을 말한다.

행정심판은 3종류가 있다. '취소심판은 행정청의 위법 또는 부당한 처

---

55) 부작위(不作爲) : 부작위는 행정청이 당사자의 신청에 대하여 상당한 기
   간 내에 일정한 처분을 해야 할 법령상의 의무가 있음에도 불구하고 그
   처분을 하지 않는 것을 말한다.
56) 자치법규(自治法規) : 자치법규란 지방자치단체가 법령의 범위 내에서 제
   정 · 시행하는 법규를 말한다. 이에는 조례(條例)와 규칙(規則)이 있다.

분을 취소하거나 변경하는 행정심판이고, '무효등확인심판'은 행정청의
처분의 효력에 관한 유무 또는 존재 여부를 확인하는 행정심판을 말하
며, '의무이행심판'은 당사자의 신청에 대한 행정청의 위법 또는 부당
한 거부처분이나 부작위에 대하여 일정한 처분을 하도록 하는 행정심
판을 말한다.

2) 행정심판기관

「행정심판법」

제6조(행정심판위원회의 설치) ① 다음 각 호의 행정청 또는 그
소속 행정청(행정기관의 계층구조와 관계없이 그 감독을 받거나
위탁을 받은 모든 행정청을 말하되, 위탁을 받은 행정청은 그 위
탁받은 사무에 관하여는 위탁한 행정청의 소속 행정청으로 본다.
이하 같다)의 처분 또는 부작위에 대한 행정심판의 청구(이하 "심
판청구"라 한다)에 대하여는 다음 각 호의 행정청에 두는 행정심
판위원회에서 심리·재결한다.

  1. 감사원장, 국가정보원장, 그 밖에 대통령령으로 정하는 대
     통령소속기관의 장

    ↳ **대통령령 제2조(행정심판위원회의 소관 등)** 「행정심판법」(이하 "법"이

라 한다) 제6조제1항제1호에서 "대통령령으로 정하는 대통령소속기관의 장"이란 대통령비서실장, 국가안보실장, 대통령경호실장 및 방송통신위원회를 말한다.

2. 국회사무총장 · 법원행정처장 · 헌법재판소사무처장 및 중앙선거관리위원회사무총장

3. 국가인권위원회, 그 밖에 지위 · 성격의 독립성과 특수성 등이 인정되어 대통령령으로 정하는 행정청

 ↳ 대통령령은 "대통령령으로 정하는 행정청"을 정하지 않았다.

② 다음 각 호의 행정청의 처분 또는 부작위에 대한 심판청구에 대하여는 「부패방지 및 국민권익위원회의 설치와 운영에 관한 법률」에 따른 국민권익위원회(이하 "국민권익위원회"라 한다)에 두는 중앙행정심판위원회에서 심리 · 재결한다.

1. 제1항에 따른 행정청 외의 국가행정기관의 장 또는 그 소속 행정청

2. 특별시장 · 광역시장 · 특별자치시장 · 도지사 · 특별자치도지사(특별시 · 광역시 · 특별자치시 · 도 또는 특별자치도의 교육감을 포함한다. 이하 "시 · 도지사"라 한다) 또는 특별시 · 광역시 · 특별자치시 · 도 · 특별자치도(이하 "시 · 도"라 한다)의 의회(의장, 위원회의 위원장, 사무처장 등 의회 소속 모든 행정청을 포함한다)

3. 「지방자치법」에 따른 지방자치단체조합 등 관계 법률에 따

라 국가 · 지방자치단체 · 공공법인 등이 공동으로 설립한 행정청. 다만, 제3항제3호에 해당하는 행정청은 제외한다.

③ 다음 각 호의 행정청의 처분 또는 부작위에 대한 심판청구에 대하여는 시 · 도지사 소속으로 두는 행정심판위원회에서 심리 · 재결한다.

1. 시 · 도 소속 행정청

2. 시 · 도의 관할구역에 있는 시 · 군 · 자치구의 장, 소속 행정청 또는 시 · 군 · 자치구의 의회(의장, 위원회의 위원장, 사무국장, 사무과장 등 의회 소속 모든 행정청을 포함한다)

3. 시 · 도의 관할구역에 있는 둘 이상의 지방자치단체(시 · 군 · 자치구를 말한다) · 공공법인 등이 공동으로 설립한 행정청

④ 제2항제1호에도 불구하고 대통령령으로 정하는 국가행정기관 소속 특별지방행정기관의 장의 처분 또는 부작위에 대한 심판청구에 대하여는 해당 행정청의 직근 상급행정기관에 두는 행정심판위원회에서 심리 · 재결한다.

↳ **대통령령 제3조(중앙행정심판위원회에서 심리하지 아니하는 특별지방행정기관의 처분 등)** 법 제6조제4항에서 "대통령령으로 정하는 국가행정기관 소속 특별지방행정기관"이란 법무부 및 대검찰청 소속 특별지방행정기관(직근 상급행정기관이나 소관 감독행정기관이 중앙행정기관인 경우는 제외한다)을 말한다.

3) 행정심판의 청구인

취소심판은 처분의 취소 또는 변경을 구할 법률상 이익이 있는 자가 청구할 수 있다. 처분의 효과가 기간의 경과, 처분의 집행, 그 밖의 사유로 소멸된 뒤에도 그 처분의 취소로 회복되는 법률상 이익이 있는 자의 경우에도 또한 같다.

무효등확인심판은 처분의 효력 유무 또는 존재 여부의 확인을 구할 법률상 이익이 있는 자가 청구할 수 있다.

의무이행심판은 처분을 신청한 자로서 행정청의 거부처분 또는 부작위에 대하여 일정한 처분을 구할 법률상 이익이 있는 자가 청구할 수 있다.

법인이 아닌 사단 또는 재단으로서 대표자나 관리인이 정하여져 있는 경우에는 그 사단이나 재단의 이름으로 심판청구를 할 수 있다.

청구인은 법정대리인 외에 청구인의 배우자, 청구인 또는 배우자의 사촌 이내의 혈족을 대리인으로 선임할 수 있다. 청구인이 법인이거나 법인이 아닌 사단 또는 재단인 경우에는 그 소속 임직원을 대리인으로 선임할 수 있다.

4) 피청구인

「행정심판법」

제17조(피청구인의 적격 및 경정) ① 행정심판은 처분을 한 행정청(의무이행심판의 경우에는 청구인의 신청을 받은 행정청)을 피청구인으로 하여 청구하여야 한다. 다만, 심판청구의 대상과 관계되는 권한이 다른 행정청에 승계된 경우에는 권한을 승계한 행정청을 피청구인으로 하여야 한다.

② 청구인이 피청구인을 잘못 지정한 경우에는 위원회는 직권으로 또는 당사자의 신청에 의하여 결정으로써 피청구인을 <u>경정(更正)[57]</u>할 수 있다.

③ 위원회는 제2항에 따라 피청구인을 경정하는 결정을 하면 결정서 정본을 당사자(종전의 피청구인과 새로운 피청구인을 포함한다. 이하 제6항에서 같다)에게 송달하여야 한다.

④ 제2항에 따른 결정이 있으면 종전의 피청구인에 대한 심판청구는 취하되고 종전의 피청구인에 대한 행정심판이 청구된 때에 새로운 피청구인에 대한 행정심판이 청구된 것으로 본다.

⑤ 위원회는 행정심판이 청구된 후에 제1항 단서의 사유가 발생하면 직권으로 또는 당사자의 신청에 의하여 결정으로써 피청구

인을 경정한다. 이 경우에는 제3항과 제4항을 준용한다.

⑥ 당사자는 제2항 또는 제5항에 따른 위원회의 결정에 대하여 결정서 정본을 받은 날부터 7일 이내에 위원회에 이의신청을 할 수 있다.

5) 행정심판청구의 기간

「행정심판법」

제27조(심판청구의 기간) ① 행정심판은 처분이 있음을 알게 된 날부터 90일 이내에 청구하여야 한다.

② 청구인이 천재지변, 전쟁, 사변(事變), 그 밖의 불가항력으로 인하여 제1항에서 정한 기간에 심판청구를 할 수 없었을 때에는 그 사유가 소멸한 날부터 14일 이내에 행정심판을 청구할 수 있다. 다만, 국외에서 행정심판을 청구하는 경우에는 그 기간을 30일로 한다.

---

57) 경정(更正) : 여기에서 말하는 경정은, 가령 청구인이 피청구인을 표시함에 있어 교육감으로 지정하여 표시하여야 함에도 불구하고 도지사를 피청구인으로 잘못 지정한 경우에서 이를 교육감으로 바꾸는 것을 말한다.

③ 행정심판은 처분이 있었던 날부터 180일이 지나면 청구하지 못한다. 다만, 정당한 사유가 있는 경우에는 그러하지 아니하다.

④ 제1항과 제2항의 기간은 <u>불변기간(不變期間)58)</u>으로 한다.

⑤ 행정청이 심판청구 기간을 제1항에 규정된 기간보다 긴 기간으로 잘못 알린 경우 그 잘못 알린 기간에 심판청구가 있으면 그 행정심판은 제1항에 규정된 기간에 청구된 것으로 본다.

⑥ 행정청이 심판청구 기간을 알리지 아니한 경우에는 제3항에 규정된 기간에 심판청구를 할 수 있다.

⑦ 제1항부터 제6항까지의 규정은 무효등확인심판청구와 부작위에 대한 의무이행심판청구에는 적용하지 아니한다.

---

58) 불변기간(不變期間) : 심판기관을 포함하여 누구도 늘이거나 줄일 수 없는 기간

6) 행정심판청구의 방식

「행정심판법」

제28조(심판청구의 방식) ① 심판청구는 서면으로 하여야 한다.

② 처분에 대한 심판청구의 경우에는 심판청구서에 다음 각 호의 사항이 포함되어야 한다.

1. 청구인의 이름과 주소 또는 사무소(주소 또는 사무소 외의 장소에서 송달받기를 원하면 송달장소를 추가로 적어야 한다)

2. 피청구인과 위원회

3. 심판청구의 대상이 되는 처분의 내용

4. 처분이 있음을 알게 된 날

5. 심판청구의 취지와 이유

6. 피청구인의 행정심판 고지 유무와 그 내용

③ 부작위에 대한 심판청구의 경우에는 제2항제1호 · 제2호 · 제5호의 사항과 그 부작위의 전제가 되는 신청의 내용과 날짜를 적어야 한다.

④ 청구인이 법인이거나 제14조에 따른 청구인 능력이 있는 법인이 아닌 사단 또는 재단이거나 행정심판이 <u>선정대표자</u>[59]나 대리

인에 의하여 청구되는 것일 때에는 제2항 또는 제3항의 사항과 함께 그 대표자·관리인·선정대표자 또는 대리인의 이름과 주소를 적어야 한다.

⑤ 심판청구서에는 청구인·대표자·관리인·선정대표자 또는 대리인이 서명하거나 날인하여야 한다.

7) 행정처분의 집행정지

행정심판청구는 행정처분의 효력이나 그 집행 또는 절차의 속행(續行)에 영향을 주지 않는다. 이러한 이유로 행정심판위원회는 행정처분, 행정처분의 집행 또는 행정절차의 속행으로 인하여 중대한 손해가 생기는 것을 예방할 필요성이 긴급하다고 인정할 때에는 직권으로 또는 당사자의 신청에 의하여 행정처분의 효력, 행정처분의 집행 또는 행정절차의 속행의 전부나 일부의 정지(이하 '집행정지'라 한다)를 결정할

---

59) 선정대표자 : 이 법은 여러 명의 청구인이 공동으로 행정심판청구를 할 때에는 청구인들 중에서 3명 이하의 선정대표자를 선정할 수 있다고 규정하는 한편 청구인들이 스스로 선정대표자를 선정하지 아니한 때에도 위원회가 필요하다고 인정하면 선정대표자를 선정할 것을 권고할 수 있다고 규정하였다(제15조 제1항, 제2항).
선정대표자는 다른 청구인들을 위하여 그 사건에 관한 모든 행위를 할 수 있다. 다만, 심판청구를 취하하려면 다른 청구인들의 동의를 받아야 하며, 이 경우 동의 받은 사실을 서면으로 소명(疏明)하여야 한다.
선정대표자가 선정되면 다른 청구인들은 그 선정대표자를 통해서만 그 사건에 관한 행위를 할 수 있다.

수 있다. 그렇지만 처분의 '효력정지'는 처분의 집행 또는 절차의 속행을 정지함으로써 그 목적을 달성할 수 있을 때에는 허용되지 않는다. '집행정지'는 공공복리에 중대한 영향을 미칠 우려가 있을 때에도 허용되지 않는다.

나. 행정소송

1) 행정소송에 관한 이해

앞에서 검토한 행정심판은 행정기관이 관장한다. 그러나 여기에서 검토하는 행정소송은 법원이 관할한다.

「행정소송법」이 사용하는 용어(用語)의 뜻은 이러하다. '처분등'이라 함은 행정청이 행하는 구체적 사실에 관한 법집행으로서의 공권력의 행사 또는 그 거부와 그 밖에 이에 준하는 행정작용(이하 '처분'이라 한다) 및 행정심판에 대한 재결을 말한다.

'부작위'라 함은 행정청이 당사자의 신청에 대하여 상당한 기간 내에 일정한 처분을 해야 할 법률상 의무가 있음에도 불구하고 이를 하지 아니하는 것을 말한다. '행정청'에는 법령에 의하여 행정권한의 위임 또는 위탁을 받은 행정기관, 공공단체 및 그 기관 또는 사인이 포함된다.

2) 행정소송의 종류

① '항고소송'은 행정청의 처분등이나 부작위에 대하여 제기하는 소송, ② '당사자소송'은 행정청의 처분등을 원인으로 하는 법률관계에 관한

소송 그 밖에 공법상의 법률관계에 관한 소송으로서 그 법률관계의 한쪽 당사자를 피고로 하는 소송,

③ '민중소송'은 국가 또는 공공단체의 기관이 법률에 위반되는 행위를 한 때에 직접 자기의 법률상 이익과 관계없이 그 시정을 구하기 위하여 제기하는 소송,

④ '기관소송'은 국가 또는 공공단체의 기관 상호간에 있어서의 권한의 존부 또는 그 행사에 관한 다툼이 있을 때에 이에 대하여 제기하는 소송. 다만, 「헌법재판소법」 제2조의 규정에 의하여 헌법재판소의 관장사항으로 되는 소송은 제외한다.

「헌법재판소법」 제2조는 ⓐ 법원의 제청에 의한 법률의 위헌(違憲) 여부의 심판, ⓑ 탄핵(彈劾)의 심판, ⓒ 정당의 해산심판, ⓓ 국가기관 상호간, 국가기관과 지방자치단체 간 및 지방자치단체 상호간의 권한쟁의(權限爭議)에 관한 심판, ⓔ 헌법소원(憲法訴願)에 관한 심판을 규정하고 있다.

'항고소송'은 다시 다음과 같이 구분된다. ㉮ '취소소송'은 행정청의 위법한 처분등을 취소 또는 변경하는 소송, ㉯ '무효등 확인소송'은 행정청의 처분등의 효력 유무 또는 존재 여부를 확인하는 소송, ㉰ '부작위위법확인소송'은 행정청의 부작위가 위법하다는 것을 확인하는 소송

3) 재판의 관할

「행정소송법」

제9조(재판관할) ① 취소소송의 제1심관할법원은 피고의 소재지를 관할하는 행정법원으로 한다.

② 제1항에도 불구하고 다음 각 호의 어느 하나에 해당하는 피고에 대하여 취소소송을 제기하는 경우에는 대법원소재지를 관할하는 행정법원에 제기할 수 있다.

  1. 중앙행정기관, 중앙행정기관의 부속기관과 합의제행정기관 또는 그의 장

  2. 국가의 사무를 위임 또는 위탁받은 공공단체 또는 그의 장

③ 토지의 수용 기타 부동산 또는 특정의 장소에 관계되는 처분 등에 대한 취소소송은 그 부동산 또는 장소의 소재지를 관할하는 행정법원에 이를 제기할 수 있다.

---

4) 행정소송의 당사자

취소소송은 처분등의 취소를 구할 법률상 이익이 있는 자가 제기할 수 있다. 처분등의 효과가 기간의 경과, 처분등의 집행 그 밖의 사유로 인하여 소멸된 뒤에도 그 처분등의 취소로 인하여 회복되는 법률상 이익이 있는 자의 경우에는 또한 같다.

취소소송은 다른 법률에 특별한 규정이 없는 한 그 처분등을 행한 행정청을 피고로 한다. 다만, 처분등이 있은 뒤에 그 처분등에 관계되는 권한이 다른 행정청에 승계된 때에는 이를 승계한 행정청을 피고로 한다.
위의 행정청이 없게 된 때에는 그 처분등에 관한 사무가 귀속되는 국가 또는 공공단체를 피고로 한다.

원고가 피고를 잘못 지정한 때에는 법원은 원고의 신청에 의하여 결정으로써 피고의 경정을 허가할 수 있다. 이 신청을 각하하는 결정에 대하여는 즉시항고를 할 수 있다.
경정을 허가하는 결정이 있은 때에는 새로운 피고에 대한 소송은 처음에 소를 제기한 때에 제기된 것으로 보고, 종전의 피고에 대한 소송은 취하된 것으로 본다.

수인의 청구 또는 수인에 대한 청구가 처분등의 취소청구와 관련되는 청구인 경우에 한하여 그 수인은 공동소송인이 될 수 있다.

5) 행정소송과 행정심판의 관계

「행정소송법」

제18조(행정심판과의 관계) ① 취소소송은 법령의 규정에 의하여 당해 처분에 대한 행정심판을 제기할 수 있는 경우에도 이를 거치지 아니하고 제기할 수 있다. 다만, 다른 법률에 당해 처분에 대한 행정심판의 재결을 거치지 아니하면 취소소송을 제기할 수 없다는 규정이 있는 때에는 그러하지 아니하다.

② 제1항 단서의 경우에도 다음 각호의 1에 해당하는 사유가 있는 때에는 행정심판의 재결을 거치지 아니하고 취소소송을 제기할 수 있다.

  1. 행정심판청구가 있은 날로부터 60일이 지나도 재결이 없는 때

  2. 처분의 집행 또는 절차의 속행으로 생길 중대한 손해를 예방하여야 할 긴급한 필요가 있는 때

  3. 법령의 규정에 의한 행정심판기관이 의결 또는 재결을 하지 못할 사유가 있는 때

  4. 그 밖의 정당한 사유가 있는 때

③ 제1항 단서의 경우에 다음 각호의 1에 해당하는 사유가 있는

때에는 행정심판을 제기함이 없이 취소소송을 제기할 수 있다.

1. 동종사건에 관하여 이미 행정심판의 기각재결이 있은 때
2. 서로 내용상 관련되는 처분 또는 같은 목적을 위하여 단계적으로 진행되는 처분중 어느 하나가 이미 행정심판의 재결을 거친 때
3. 행정청이 사실심의 변론종결 후 소송의 대상인 처분을 변경하여 당해 변경된 처분에 관하여 소를 제기하는 때
4. 처분을 행한 행정청이 행정심판을 거칠 필요가 없다고 잘못 알린 때

④ 제2항 및 제3항의 규정에 의한 사유는 이를 소명하여야 한다.

6) 취소소송

취소소송은 처분등을 대상으로 한다. 이 기간은 불변기간이다. 다만, 재결취소소송의 경우에는 재결 자체에 고유한 위법이 있음을 이유로 하는 경우에 한한다.

취소소송은 처분등이 있음을 안 날부터 90일 이내에 제기하여야 한다. 다만, 다른 법률에 당해 처분에 대한 행정심판의 재결을 거치지 아니하면 취소소송을 제기할 수 없다는 규정이 있는 경우와 그 밖에 행정심판청구를 할 수 있는 경우 또는 행정청이 행정심판청구를 할 수 있다고 잘못 알린 경우에 행정심판청구가 있은 때의 기간은 재결서의 정

본을 송달받은 날부터 기산(起算)한다.

취소소송은 처분등이 있은 날부터 1년(재결취소소송은 재결이 있은 날부터 1년)을 경과하면 이를 제기하지 못한다. 다만, 정당한 사유가 있는 때에는 그러하지 아니하다.

7) 취소소송 외의 항고소송

무효등 확인소송은 처분등의 효력 유무 또는 존재 여부의 확인을 구할 법률상 이익이 있는 자가 제기할 수 있다.

부작위위법확인소송은 처분의 신청을 한 자로서 부작위의 위법의 확인을 구할 법률상 이익이 있는 자만이 제기할 수 있다.

Ⅳ. 그 밖의 법률상식

1. 이혼 · 재산분할

가. 협의이혼

협의이혼은 부부가 의견의 일치를 이루어 헤어지는 절차이다. 그러나 이 과정에도 법원이 관여는 한다. 이혼에 관한 협의가 당사자의 진정한 의사에 따른 협의인지 여부와 자녀의 양육문제 등에 관한 당사자의 의사를 확인하여 공증의 기능을 할 필요가 있기 때문이다. 이하 협의이혼의 절차를 진행의 순서에 따라 소개한다.

1) 협의이혼의사 확인신청

협의이혼을 하려는 당사자는 부부가 함께 등록기준지 또는 주소지를 관할하는 가정법원, 지방법원 또는 지방법원 지원에 출석하여 협의이혼의사 확인신청서를 제출하여야 한다. 다만, 부부 중 어느 한쪽 배우자가 <u>재외국민[60]</u>이거나 수감자로서 출석하기 어려운 때에는 출석이 가능한 배우자만 출석하여도 된다. 신청서는 법원에 비치되어 있다.

협의이혼의사 확인신청서에는 부부 양쪽의 가족관계증명서 및 혼인관계증명서 각 1통을 덧붙여야 한다. 미성년(만 19세 미만)인 자녀(태아 포함)가 있는 경우에는 그 <u>자녀의 양육(養育)과 친권자(親權者)의 결정[61]</u>에 관한 협의서 1통 및 그 사본 2통을 제출하여야 한다.

---

60) 재외국민(在外國民) : 외국에 거주하거나 체류(滯留)하는 대한민국 국적의 국민
61) 자녀의 양육과 친권자의 결정 : 자녀를 누가 양육할 것인가, 양육비는 누가 언제 얼마를 어떤 방법으로 지급할 것인가, 면접교섭권의 행사는 언제 어떤 방법으로 할 것인가 등을 당사자가 협의에 의하여 문서로 정한다. 당사자 사이에 협의가 이루어지지 아니하면 법원이 정한다.

2) 이혼 절차 등 안내

협의에 의하여 이혼을 하려는 당사자는 법원이 제공하는 안내를 받아야 한다. 재외국민과 수감자(재감인)에게는 문서로 안내한다.

이 안내를 하는 이유는 협의이혼의 절차를 알려주는 목적도 있지만, 이혼을 앞두고 다시 한 번 신중한 고려를 하게 하려는 취지이다. 안내는 시청각 자료에 의하고, 전문인과의 상담을 권고하기도 한다.

3) 협의이혼의사 등 확인

협의이혼의사 확인신청서를 제출하고, 일정한 숙려기간(熟慮期間 : 심사숙고하는 기간)이 지나면 법원은 당사자를 불러서 이혼의 의사 등을 확인한다. 여기에서 말하는 숙려기간은 양육할 자(子)가 없는 경우에는 1개월이고, 양육할 자가 있는 경우에는 3개월이다.

법원이 확인하는 내용은 이혼하겠다는 진정한 의사, 자녀의 양육자, 양육비의 부담자와 지급할 금액 및 지급 방법 및 친권을 행사할 당사자 등이다.

부부 중 한 쪽이 재외국민인 때에는 재외국민은 거주지에 있는 재외공관에서 서면안내를 받고, 이혼의사의 확인을 받을 수 있다.

4) 협의이혼의사확인서 작성 · 송부

법원은 부부의 협의이혼의사 등을 확인하면 확인서를 작성하고, 미성년인 자녀의 양육과 친권자의 결정에 관한 협의를 확인하면 '양육비부담조서'도 함께 작성한다. 다만, 그 협의가 자녀의 복리에 부합하지 않으면 가정법원은 보정할 것을 명하고, 이 보정명령에 따르지 않으면 양육비부담조서를 작성하지 않는다.

양육비부담조서는 이혼신고 이후에 양육비의 부담자가 그 부담을 이행하지 아니할 때에는 '집행권원'이 된다. 집행권원은 강제집행의 근거이므로, 판결과 유사한 것이라고 이해하면 무방하다.

5) 이혼신고

법원이 협의이혼의사확인서를 작성하면 부부 양쪽에 송달한다. 부부는 이 확인서를 송달받은 날부터 3개월 이내에 등록기준지, 주소지 또는 현재지의 시·읍·면에 이를 첨부하여 이혼신고서를 제출하면 된다. 이혼신고서는 부부 중 한쪽이 제출할 수 있다. 협의이혼의사확인서는 3개월 이내에 이혼신고를 하지 아니하면 효력을 상실한다.

나. 재판상이혼

1) 재판상이혼의 원인

어느 일방 배우자가 적극적으로 이혼을 바라지만 부부가 이혼에 협의를 이루지 못할 때에는 재판상이혼을 선택할 수밖에 없다. 재판에 의하여 이혼을 할 수 있는 사유는 다음에 소개하는 여섯 가지 중 어느하나에 해당하는 사유가 있어야 한다.

① 배우자에게 부정(不貞)한 행위가 있었을 때

'부정한 행위'는 부부의 정조의무를 위반한 행위를 말한다. 여기에서 말하는 부정한 행위는 간통(姦通 : 정교행위)에까지는 이르지 않더라도 배우자 있는 사람이 지켜야 할 정조의무에 위배되는 모든 행위를 말한다.

그러나 부정한 행위가 있더라도 배우자가 그 행위에 관하여 미리 동의를 한 경우, 나중에 용서를 한 경우, 배우자의 부정행위를 안 날로부터 6월이 경과한 경우 및 부정행위가 있은 날부터 2년이 지난 경우에는 이혼을 청구할 수 없다.

참고로, 2015. 2. 26. 헌법재판소가 간통죄에 대하여 위헌결정을 하였는데, 이는 간통죄로 형벌을 과하는 것 자체가 「대한민국헌법」의 정신에 위반된다는 의미일 뿐이므로, 이혼사유와는 무관하다.

② 배우자가 악의(惡意)로 다른 일방을 유기(遺棄)한 때

'악의로 유기한 때'라 함은 정당한 이유가 없으면서 배우자가 부부관계를 계속 유지할 의사가 없음을 직접 또는 간접적으로 표명하는 것을 말한다. 이는 동거, 부양, 협조하여야 할 부부로서의 의무를 포기하고 배우자를 사실상 버리는 경우이다.

유기의 방법에 있어서는 상대방을 내쫓는 경우뿐만 아니라 상대방을 버리고 자신이 나가는 경우 및 상대방이 나갈 수밖에 없는 환경 내지 분위기를 조성한 다음 돌아오지 못하게 하는 경우 등이 있을 것이다.

③ 배우자 또는 그 직계존속으로부터 심히 부당한 대우를 받았을 때

여기에서 말하는 '심히'는 참기 어려운 정도를 뜻한다. 그리고 '부당한

대우'란 혼인생활을 계속하기 어려운 정도의 부당한 대우를 말한다. 그 방법이 무엇인가는 따지지 않는다.
혼인관계의 지속을 강요한다면 참으로 가혹하다고 여겨질 정도의 폭행이나 학대 또는 모욕을 받은 경우가 여기에 해당한다.

④ 자기의 직계존속이 배우자로부터 심히 부당한 대우를 받았을 때
여기에서 말하는 '심히 부당한 대우'도 앞에서 살펴본 그것과 같다. 그러나 여기에 해당하는 이혼사유는 핵가족이 대세인 오늘날에는 법원이 인용해주는 경우가 드물다고 보아야 한다. 직계존속은 부모 및 조부모를 말한다.

⑤ 배우자의 생사가 3년 이상 분명하지 아니한 때
배우자의 생사가 분명하지 않다는 것은 죽었는지 살았는지를 알 수 없는 경우이다. 그 이유는 묻지 않는다.

⑥ 기타 혼인을 계속하기 어려운 중대한 사유가 있는 때
'혼인을 계속하기 어려운 중대한 사유'란 혼인관계가 심각하게 파탄이 나서 돌이킬 수 없는 상태이고, 혼인관계의 계속을 강제한다면 한쪽 배우자에게는 참을 수 없는 고통이 되는 경우를 말한다.
그동안 대법원의 판결에서 이혼이 인용된 사유들을 살펴보면, 합리적인 이유가 없음을 전제로 하는 피임이나 성교의 거부, 불치의 정신병, 매우 심각한 애정상실, 성격의 심한 불일치, 여러 해 동안 계속된 사

실상의 별거, 어린 자녀에 대한 모욕 및 가혹행위, 종교적 광신(狂信), 알코올 또는 마약의 중독, 지나친 사치 및 낭비벽 등이다.

여기에 해당하는 이혼사유는 다른 한쪽이 그 사유를 안 날부터 6월을 경과하거나 그 사유가 발생한 날부터 2년을 경과하면 이혼을 청구하지 못한다.

2) 유책배우자의 이혼청구권

이혼의 원인에 책임이 있는 배우자를 '유책배우자'라고 한다. 유책배우자가 이혼을 청구하는 것은 원칙적으로 허용되지 않는다. 다만, 상대방 배우자도 그 파탄 이후에 혼인관계를 계속할 의사가 없음이 객관적으로 명백함에도 불구하고 오기나 보복적 감정에서 이혼에 응하지 아니하고 있을 뿐이라는 등의 특별한 사정이 있는 경우에만 예외적으로 유책배우자의 이혼청구권이 인정된다.

3) 이혼조정과 재판 절차

재판상이혼의 절차는 먼저 「가사소송법」이 정하는 조정절차(調停節次)을 거쳐야 한다. 이를 '조정전치주의'라고 한다.

조정절차는 조정위원의 관여에 의하여 간이한 절차에 따라 당사자 사이의 상호 양해를 바탕으로 이혼문제를 해결하는 절차이다. 조정이 성립하면 '조정조서'가 작성되고, 이 조서는 판결과 같은 효력이 생긴다. 그러나 조정이 성립하지 아니한 때에는 사건은 당연히 재판절차로 이행(移行)한다.

이혼조정과 이혼소송은 피고의 보통재판적이 있는 곳의 가정법원이 관할한다. 사람의 보통재판적은 주소에 따라 정한다.

다. 재산분할

재산분할이라 함은 부부가 혼인을 계속하는 과정에서 공동으로 형성한 재산을 이혼 과정 또는 이혼 후에 나누는 것을 말한다.

혼인 전에 가지고 있던 고유재산과 혼인 중에 취득한 재산일지라도 배우자 한쪽이 상속이나 수증(受贈 : 증여를 받음) 등 단독으로 취득한 재산은 한쪽 배우자의 특유재산이다. 따라서 이러한 특유재산은 재산분할의 대상이 되지 않는다.

그러나 어느 한쪽 배우자의 단독명의로 등기나 등록이 된 재산일지라도 부부가 혼인 중에 공동으로 취득하였거나 어느 한쪽이 취득하였는지 불분명한 재산은 부부의 공유로 추정되며, 이는 재산분할의 대상이 된다. 한쪽 배우자의 소유지분을 그의 배우자에게 명의신탁을 한 것과 같기 때문이다.

부부가 혼인 중에 공동으로 취득한 재산은 어느 한쪽 배우자에게 특히 기여도가 높지 아니한 경우에는 각각 2분의 1씩 분할함이 원칙이다. 이는 유책배우자라고 할지라도 마찬가지이다. 다만, 유책배우자는 상대방 배우자에게 별도의 위자료를 지급하는 경우가 있지만, 이는 정신적 고통에 대한 손해배상의 성질을 가질 뿐 재산의 분할과는 관련이 없다고 이해하여야 한다.

분할의 대상이 되는 재산은 적극재산은 물론이고, 소극재산(채무)도 그 대상으로 한다.

부부가 협의에 의하여 이혼을 하는 경우라면 재산의 분할에 관하여도 협의가 성립할 것이다. 그러나 재판상이혼을 하는 경우에는 그 재판절차에서 재산분할에 관한 문제를 동시에 해결할 수도 있다. 이혼 후에는 2년 이내에만 재산분할을 청구할 수 있다.

2. 상속 · 유언

가. 상속순위

사람이 사망(실종선고62) 포함)하면 그 순간 상속이 개시된다. 즉 사망한 사람(피상속인)의 재산(적극재산 및 소극재산)은 당연히(등기나 등록을 하지 않더라도) 그의 상속인에게 소유권이 이전된다.

상속인이 되는 순위는 다음과 같다.

피상속인의 배우자 및 직계비속

피상속인의 배우자 및 직계존속

피상속인의 형제자매

피상속인의 4촌 이내의 방계혈족

---

62) 실종선고(失踪宣告) : 사람이 생활의 근거지를 떠난 후 일정한 기간 동안 생사를 알 수 없는 상태를 실종이라고 한다. 「민법」이 규정하는 실종에는 두 종류가 있다.
특별실종은 사망했을 것으로 추정되는 위난(항공기의 추락, 선박의 침몰, 대형화재 등)을 당한 경우로서 그로부터 1년 동안 생사를 알 수 없는 경우를 말하고, 보통실종은 그 밖의 사유로 5년 동안 생사를 알 수 없는 경우이다.
실종자에 대하여는 이해관계인이나 검사의 청구에 의하여 가정법원이 실종을 선고한다. 실종선고를 받은 사람은 사망한 것으로 간주된다.

선순위의 상속인이 없는 때에는 그 다음 순위의 사람이 상속인이 된다. 태아(胎兒)는 상속에 관하여는 이미 출생한 것으로 본다.

상속인이 되어야 할 피상속인의 직계비속이나 형제자매가 상속개시 전에 사망하였거나 상속결격자[63]가 된 경우에는 그의 직계비속이 있으면 그 직계비속은 먼저 사망하였거나 결격자가 된 자의 순위에 갈음하여 상속인이 된다. 이를 '대습상속[64]'이라고 한다.

같은 순위의 상속인이 여러 사람인 때에는 공동상속인이 된다. 공동상속인의 상속분(相續分)은 뒤에서 소개한다.

나. 상속분(相續分)

직전에는 상속인이 되는 사람이 누구인가를 알아보았다. 여기에서는 상속인이 여러 명인 경우인 공동상속인들 각각의 상속분을 살펴본다.

같은 순위의 상속인이 여러 명인 때에는 그 상속분은 균등한 비율로 한다. 피상속인의 배우자의 상속분은 직계비속과 공동으로 상속하는 때에는 직계비속의 상속지분에 50%를 가산하고, 직계존속과 공동으로

---

63) 상속결격자 : ① 고의로 직계존속, 피상속인, 그 배우자 또는 상속의 선순위나 동순위에 있는 자를 살해하거나 살해하려한 자, ② 고의로 직계존속, 피상속인과 그 배우자에게 상해를 가하여 사망에 이르게 한 자, ③ 사기 또는 강박으로 피상속인의 상속에 관한 유언 또는 유언의 철회를 방해한 자, ④ 사기 또는 강박으로 피상속인의 상속에 관한 유언을 하게 한 자, ⑤ 피상속인의 상속에 관한 유언서를 위조 · 변조 · 파기 또는 은닉한 자는 상속인이 되지 못한다.

64) 대습상속(代襲相續) : 가령 피상속인 甲에게 배우자 乙과 자녀 丙 및 丁이 있었고, 丁이 甲보다 먼저 사망하였다고 가정한다. 이 경우에 甲이 사망하면 乙, 丙 및 丁의 자녀들(A, B)이 공동상속인이 된다. 이 경우에 A와 B는 丁이 살아 있었다면 상속하였을 상속지분에 대하여 제2차 상속을 하게 된다. 이들 A와 B를 대습상속인이라고 한다.

상속하는 때에는 직계존속의 상속분에 50%를 가산한다.

가령 피상속인에게 공동상속인으로 피상속인의 배우자, 아들 1명, 딸 1명이 있다고 가정하자. 이들의 상속분은 1.5 : 1 : 1이 되므로, 이를 소수점을 없앤 분수식으로 나타내면서 공통분모로 표시하면 3/7 : 2/7 : 2/7의 비율이 된다.

피상속인이 소유하던 재산 중 부동산과 불가분물(不可分物)인 동산(미술품, 골동품 등)은 공동상속인들이 상속분의 비율에 따라 공유지분을 상속한다. 즉 공동상속인들의 공유물이 된다. 그러나 금전채권과 금전채무는 가분채권(可分債權)과 가분채무이므로, 각 공동상속인의 지분비율에 따라 단독으로 상속한다. 즉 공동상속인이지만, 각자의 채권 및 각자의 채무가 된다는 의미이다.

다. 상속의 한정승인(限定承認) 및 포기

상속인은 상속개시 있음을 안 날로부터 3월내에 상속을 포기하거나 한정승인을 선택할 권리가 있다. 그리고 아무런 조건 없이 승인(단순승인)을 할 수도 있다. 여기서 '상속개시 있음을 안 날'이란 피상속인의 사망 사실과 그로 인해 자기가 상속인이 되었음을 알게 된 날을 말한다.

'상속의 한정승인'이라 함은 상속인이 상속으로 얻을 재산의 한도 내에서 피상속인의 채무와 유증(遺贈 : 유언으로 하는 증여)을 변제하는 조건으로 상속을 승인하는 것을 말한다. 즉, 상속인의 상속분 중 적극적 재산이 소극적 재산보다 많은 경우에만 상속하겠다는 의사표시이다.

상속인은 상속개시 있음을 안 날로부터 3월내에 단순승인이나 한정승인 또는 포기를 할 수 있다. 그러나 그 기간은 이해관계인 또는 검사의 청구에 의하여 가정법원이 이를 연장할 수 있다.

또한 상속인은 상속채무가 상속재산을 초과하는 사실을 중대한 과실 없이 3개월 내에 알지 못하고 단순승인을 한 경우에는 그 사실을 안 날부터 3월내에 한정승인을 할 수 있다.

상속인이 한정승인을 할 때에는 상속이 개시된 사실을 안 날로부터 3개월 이내에 상속재산의 목록을 첨부하여 가정법원에 한정승인신고서를 제출하여야 한다.

상속의 한정승인을 한 상속인은 상속채권자(피상속인의 채권자)에 대하여 상속으로 얻은 재산의 한도에서 상속채무를 변제할 의무가 있다. 상속채무를 변제하고 남은 상속재산(적극재산)은 상속인 고유의 상속재산이 된다.

한정승인을 한 상속인은 한정승인을 한 날로부터 5일 안에 일반상속채권자와 유증을 받은 사람에 대하여 한정승인을 한 사실과 일정한 기간 안에 그 채권 또는 유증 받은 사실을 신고할 것을 공고하여야 한다. 그 공고기간은 2개월 이상이어야 한다. 또한 상속인이 알고 있는 상속채권자에게는 따로따로 최고(催告)를 하여야 한다.

(상속한정승인심판청구서)

상속한정승인심판청구서

청구인(상속인)　　　성명 ○○○

　　　　　　　　　　주소

　　　　　　　　　　주민등록번호

　　　　　　　　　　등록기준지

　　　　　　　　　　전화번호

사건본인(피상속인)　성명 ○○○

　　　　　　　　　　주민등록번호

　　　　　　　　　　사망일자

　　　　　　　　　　등록기준지

　　　　　　　　　　최후주소

청　구　취　지

청구인이 피상속인 망 ○○○의 재산을 상속함에 있어 별지 재산

목록을 첨부하여 청구한 한정승인은 이를 수리한다.

라는 심판을 구합니다.

청 구 원 인

1. 피상속인은 2024. 1. 1. ○○:○○ 사망하였고, 청구인은 위 피상속인의 직계비속으로서 상속인입니다.

2. 피상속인은 생전에 상속인에게 동인의 재산상태를 설명하지 않았을 뿐만 아니라 유언을 남기지 않았으므로, 상속인은 상속 재산의 현황을 정확히 알 수가 없습니다.

3. 따라서 상속인은 피상속인의 재산을 발견할 수 없으므로, 한정 승인을 신청하오니 이를 수리하여 주시기 바랍니다.

첨 부 서 류

1. (청구인의) 가족관계증명서 및 주민등록등본 각 1통.
1. (청구인의) 인감증명서   1통.
1. (피상속인) 기본증명서   1통.
1. (피상속인) 가족관계증명서   1통.
1. (피상속인) 주민등록초본(말소자)   1통.
1. 송달료납부서   1통.
1. 상속재산목록   3통.

```
                    2025.  1.  20.

                 청구인   ○  ○  ○(인)

  ○○가정법원 귀중
```

※ 인지대는 청구인 1인당 5,000원을 납부한다.

※ 송달료는 한정승인청구인의 수×5,200원×4회분을 예납한다.

※ 상속재산목록은 청구인의 수에 2를 더한 수에 해당하는 것을 제출한다.
   상속재산이 없거나 유무를 알 수 없는 경우에도 상속재산목록은 작성하여
   제출하여야 한다.

라. 유언

유언은 <u>유언능력65)</u> 있는 자연인이 자신의 사망과 동시에 일정한 법률
효과를 발생하게 할 목적으로 하는 의사표시로써 엄격한 요식행위이
다. 따라서 유언은 「민법」이 규정하는 다섯 가지 방식과 어긋나면 그
효력이 인정되지 않는다.

---

65) 유언능력자 : 만 17세 이상인 자연인

민법 제1065조 내지 제1070조가 유언의 방식을 엄격하게 규정한 것은 유언자의 진의를 명확히 하고, 그로 인한 법적 분쟁과 혼란을 예방하기 위한 것이므로, 법정된 요건과 방식에 어긋난 유언은 그것이 유언자의 진정한 의사에 합치되더라도 무효라고 하지 아니할 수 없다(대법원 2009다9768 판결).

유언의 방식을 규정한 「민법」의 규정은 다음과 같다.

제1065조(유언의 보통방식) 유언의 방식은 자필증서, 녹음, 공정증서, 비밀증서와 구수증서의 5종으로 한다.

제1066조(자필증서에 의한 유언) ① 자필증서에 의한 유언은 유언자가 그 전문(全文)과 연월일, 주소, 성명을 자서하고 날인하여야 한다.
② 전항의 증서에 문자의 삽입, 삭제 또는 변경을 함에는 유언자가 이를 자서하고 날인하여야 한다.

제1067조(녹음에 의한 유언) 녹음에 의한 유언은 유언자가 유언의 취지, 그 성명과 연월일을 구술(口述)하고 이에 참여한 증인이 유언의 정확함과 그 성명을 구술하여야 한다.

제1068조(공정증서에 의한 유언) 공정증서에 의한 유언은 유언자가 증인 2인이 참여한 공증인의 면전에서 유언의 취지를 구수하고 공증인이 이를 필기 낭독하여 유언자와 증인이 그 정확함을 승인한 후 각자 서명 또는 기명날인하여야 한다.

제1069조(비밀증서에 의한 유언) ① 비밀증서에 의한 유언은 유언자가 필자의 성명을 기입한 증서를 엄봉날인(嚴封捺印)하고 이를 2인 이상의 증인의 면전에 제출하여 자기의 유언서임을 표시한 후 그 봉서(封書) 표면에 제출연월일을 기재하고 유언자와 증인이 각자 서명 또는 기명날인하여야 한다.
② 전항의 방식에 의한 유언봉서는 그 표면에 기재된 날로부터 5일 내에 공증인 또는 법원서기에게 제출하여 그 봉인상에 확정일자인을 받아야 한다.

제1070조(구수증서에 의한 유언) ① 구수증서에 의한 유언은 질병 기타 급박한 사유로 인하여 전4조의 방식에 의할 수 없는 경우에 유언자가 2인 이상의 증인의 참여로 그 1인에게 유언의 취지를 구수(口授)하고 그 구수를 받은 자가 이를 필기 낭독하여 유언자의 증인이 그 정확함을 승인한 후 각자 서명 또는 기명날인

하여야 한다.

② 전항의 방식에 의한 유언은 그 증인 또는 이해관계인이 급박한 사유의 종료한 날로부터 7일내에 법원에 그 검인을 신청하여야 한다.

③ 제1063조제2항의 규정은 구수증서에 의한 유언에 적용하지 아니한다.

↳ **제1063조(피성년후견인의 유언능력)** ① 피성년후견인은 의사능력이 회복된 때에만 유언을 할 수 있다.

② 제1항의 경우에는 의사가 심신 회복의 상태를 유언서에 부기(附記)하고 서명 날인하여야 한다.

미성년자, 피성년후견인, 피한정후견인, 유언으로 이익을 받을 자와 그 배우자 및 직계혈족은 유언에 참여하는 증인이 되지 못한다. 또한 공정증서에 의한 유언은 「공증인법」 제13조가 정한 결격자는 증인이 되지 못한다.

유언은 일반적으로 유언자가 사망한 때에 효력이 생긴다. 다만, 정지조건이 붙은 유언의 경우에는 그 조건이 유언자의 사망 후에 성취된 때에는 그 조건이 성취된 때부터 유언의 효력이 생긴다.

한편 시기부(始期附) 유언은 유언자가 사망한 때에 유언의 효력이 생기고, 그 이행기는 기한이 도래한 때가 된다. 종기부(終期附) 유언은 유언자가 사망하면 일단 효력이 생기고, 기한이 도래한 때에 효력을 잃는다.

앞에서 살펴본 다섯 가지의 방식에 위배된 유언, 수증결격자(受贈缺格者)를 상대로 한 유언, 선량한 풍속 기타 사회질서에 위반되는 내용의 유언, 강행법규 중 효력규정에 위반하는 내용의 유언 등은 무효로 한다.
사기나 강박에 의한 유언, 의사표시의 중요한 부분에 착오가 있는 유언 등은 취소사유가 된다.

유언자는 언제든지 유언으로 또는 생전행위로써 유언을 철회할 수 있다. 그러나 유언자도 그 유언을 철회할 권리는 포기하지 못한다.
유언을 철회하는 방식에는 아무런 제한이 없다. 따라서 종전에 하였던 유언의 내용에 저촉되는(양립할 수 없는) 새로운 유언을 하거나 저촉되는 행위를 하면 유언은 철회한 것으로 평가된다.
유언자가 고의로 유언증서 또는 유증의 목적물을 파훼한 때에는 그 파훼한 부분에 관한 유언은 이를 철회한 것으로 본다.

> 유언자가 유언을 철회한 것으로 볼 수 없는 이상 유언증서가 그 성립 후에 멸실되거나 분실되었다는 사유만으로 유언이 실효되는 것은 아니고, 이해관계인은 유언증서의 내용을 입증(立證)하여 유언의 유효를 주장할 수 있다(대법원 96다21119 판결).

마. 유증(遺贈) · 유류분(遺留分)

유증이란 수증자(授贈者)가 생전에 유언으로 자기의 재산을 타인에게 주는 단독행위를 말하며, 유증의 효력은 유언자가 사망한 때에 효력이 발생한다.

유증과 유사한 제도 중에는 '사인증여(死因贈與)'가 있다. 사인증여는 유언자가 사망한 때에 효력이 생기고, 유언자의 재산을 수증자에게 무상으로 준다는 점에서는 유증과 같다. 그러나 사인증여는 유언자가 살아있을 때 수증자와 맺는 계약이라는 점에서 유증과 다르다.

유류분이란 상속재산 중에서 각 상속인이 받아야 할 상속분(相續分)으로 남겨두어야 할 최소한의 상속비율을 말한다. 이는 피상속인의 유언에 의한 재산처분의 자유를 인정하되, 상속인의 상속에 대한 기대와 생계유지를 보장해 줄 목적 아래에서 마련된 제도이다. 유류분은 유증에 우선한다. 따라서 유언자가 각 상속인의 유류분을 침해하는 내용의 유언을 했더라도 유류분권을 침해당한 상속인은 자기의 유류분에 해당하는 상속분을 법률상 주장할 수 있다.

유류분의 비율을 살펴본다. 피상속인의 배우자 및 직계비속인 상속인은 법정상속분의 2분의 1, 피상속인의 직계존속 및 형제자매인 상속인은 법정상속분의 3분의 1이다.

유류분을 산정함에 있어서는 피상속인이 상속개시 당시에 가진 재산의 가액에 증여재산의 가액을 가산하고, 채무의 전액을 공제하는 방법으로 산정한다. 조건부권리 또는 존속기간이 불확정한 권리는 가정법원이 선임한 감정인의 평가에 의하여 그 가격을 정한다.

> 유류분 산정의 기초가 되는 재산의 범위에 관한 '증여재산'이란 상속개시 전에 이미 증여계약이 이행되어 소유권이 수증자(受贈者)에게 이전된 것을 가리키는 것이고, 아직 증여계약이 이행되지 아니하여 소유권이 피상속인에게 남아있는 상태로 상속이 개시된 재산은 당연히 "피상속인의 상속개시 당시에 있어서 가진 재산"에 포함되는 것이므로, 수증자가 공동상속인이든 제3자이든 가리지 아니하고 모두 유류분 산정의 기초가 되는 재산을 구성한다(대법원 96다13682 판결).

유류분권리자는 유류분 산정에 포함될 증여 및 유증으로 인하여 그 유류분에 부족이 생긴 때에는 부족한 한도에서 그 재산의 반환을 청구할 수 있다. 이를 유류분반환청구권이라고 한다. 반환청구는 재판상 또는 재판 외에서 할 수 있다.
이 경우 그 증여 및 유증을 받은 자가 여러 명인 때에는 각자가 얻은 유증가액에 비례하여 반환하여야 한다. 원물을 반환할 수 없는 때에는 가액(價額)을 반환하여야 한다.

유류분반환청구권은 유류분권리자가 상속의 개시사실과 반환하여야 할 증여 또는 유증이 있었던 사실을 안 때로부터 1년 이내에 행사하지 아니하면 시효로 인하여 소멸한다. 상속이 개시된 때로부터 10년을 경과한 때에도 소멸한다.

바. 상속회복청구권

상속회복청구권이란 상속인 아닌 자가 진정한 상속인의 상속권을 침해한 경우에 있어서 진정한 상속인이 그 침해자를 상대로 침해된 권리를 회복하기 위하여 행사하는 청구권을 말한다. 상속인의 상속권을 침해한 자를 '참칭상속인(僭稱相續人)'이라고 부른다.

상속회복청구권은 재판상 또는 재판외에서 행사할 수 있다.

> 자신이 진정한 상속인임을 전제로 그 상속으로 인한 소유권 또는 지분권 등 재산권의 귀속을 주장하면서 참칭상속인 또는 참칭상속인으로부터 상속재산에 관한 권리를 취득하거나 새로운 이해관계를 맺은 제3자를 상대로 상속재산인 부동산에 관한 등기의 말소 등을 청구하는 경우, 그 재산권의 귀속 주장이 상속을 원인으로 하는 것인 이상 청구원인이 무엇인지 여부에 관계없이 이는 민법 제999조가 정하는 상속회복청구의 소에 해당한다(대법원 99다5740 판결).

상속회복청구권은 그 침해를 안 날부터 3년, 상속권의 침해행위가 있은 날부터 10년을 경과하면 소멸한다(민법 제999조제2항). 이는 제척기간66)이다.

> 상속회복청구권 제척기간의 기산점이 되는 "상속권의 침해를 안 날"이라 함은 자기가 진정한 상속인임을 알고, 또 자기가 상속에서 제외된 사실을 안 때를 가리킨다(대법원 2007다36223 판결).

사. 상속재산의 분할

상속인이 여러 명인 공동상속의 경우에는 부동산 등 불가분물(不可分物)인 상속재산을 공유(共有)하게 된다. 이와 같이 공유하는 재산을 각 상속인들이 각자 단독으로 소유하게 하는 절차를 '상속재산의 분할'이라고 한다.

> 금전채무와 같이 급부의 내용이 가분(可分)인 채무가 공동상속 된 경우 이는 상속개시와 동시에 당연히 법정상속분에 따라 공동상속인들에게 분할되어 귀속되는 것이므로, 상속재산 분할의 대상이 될 수 없다(대법원 97다8809 판결).

상속재산의 분할에는 일정한 제한과 금지가 있다. 상속재산을 분할하려면 먼저 상속인이 확정되어야 한다. 따라서 공동상속인 중 일부의 상속인이 아직 상속의 포기나 한정승인을 할지 여부를 결심하지 못한 상태에서는 분할이 가능하지 않다.

---

66) 제척기간(除斥期間) : 어떤 종류의 권리에 대하여 법률상으로 정해진 존속기간을 말하며, 그 기간 안에 행사하지 아니하면 권리가 소멸한다. 이는 정지나 중단이 없다는 점에서 소멸시효와 다르다.

피상속인은 유언으로 상속개시의 날부터 5년을 초과하지 아니하는 기간 동안 분할을 금지할 수 있다. 유언의 내용이 만약 5년을 넘는 기간으로 정한 때에는 그 기간은 5년으로 단축된다.

공동상속인, 대습상속인, 포괄적 유증을 받은 자, 상속분을 양수한 자와 상속인의 채권자(대위채권자)는 이들 전원을 상대로 상속재산의 분할을 청구할 수 있다.

피상속인은 유언으로 상속재산의 분할방법을 정할 수 있고, 지정방법의 결정을 제3자에게 위탁할 수도 있다. 이를 '지정분할'이라고 한다.
공동상속인들은 제한이나 금지가 없다면 언제든지 협의에 의하여 상속재산을 분할할 수 있다. 이를 '협의분할'이라고 한다.
분할의 협의는 정해진 절차나 방법은 없다. 따라서 분할에 참여하는 1인이 모든 상속재산을 단독으로 소유하기로 할 수도 있고, 각자의 상속분과 달리 정하여 분할할 수도 있다. 공동소유로 할 수도 있고, 합유(合有)로 정할 수도 있다. 상속재산을 처분하여 그 대금을 분할하는 것도 가능하다.
분할의 협의는 전원이 같은 자리에 모이지 않더라도 동일한 내용을 기재한 분할협의서를 돌아가며 승인하는 방법으로도 할 수 있다.
공동상속인 중 미성년자가 있는 경우에는 그의 친권자가 분할협의의 대리권을 행사한다. 다만, 미성년자와 친권자가 공동상속인인 때에는 친권자가 대리권을 행사할 수는 없고, 법원에 미성년자를 위한 특별대리인의 선임심판을 청구하여야 한다.

상속재산의 협의분할은 공동상속인간의 일종의 계약으로서 공동상속인 전원이 참여하여야 하고, 일부 상속인만으로 한 분할협의는 무효라고 할 것이나, 반드시 한자리에서 이루어져야 할 필요는 없고, 순차적으로 이루어질 수도 있으며, 상속인 중 한 사람이 만든 분할원인을 다른 상속인이 후에 돌아가며 승인하여도 무방하다(대법원 2003다65438,65445 판결).

협의에 의한 상속재산의 분할은 공동상속인 전원의 동의가 있어야 유효하고, 공동상속인 중 한 사람의 동의가 없거나 그 의사표시에 대리권의 흠결이 있다면 그 분할은 무효라고 할 것이고, 상속재산분할의 협의를 하는 행위는 「민법」 제921조 소정의 이해상반 되는 행위에 해당하는 만큼 그 대리권에 흠결이 있으면 무효이다(대법원 85므80 판결).

이해상반행위의 당사자는 모두가 친권자의 친권에 복종하는 미성년자인 자(子)들이어야 하고, 가령 성년이 되어 친권자의 친권에 복종하지 아니하는 자(子)와 친권에 복종하는 미성년인 자(子) 사이에 이해상반 되는 경우에는 친권자는 미성년인 자(子)를 위한 법정대리인으로서 그 고유의 권리를 행사할 수 있을 것이므로, 그러한 친권자의 법률행위는 「민법」 제921조제2항 소정의 이해상반

행위에 해당한다고 할 수 없다(대법원 75다2340).

공동상속인 상호간에 상속재산에 관하여 협의분할이 이루어짐으로써 공동상속인 중 일부가 고유의 상속분을 초과하는 재산을 취득하게 되었다고 하여도 이는 상속개시 당시에 소급하여 피상속인으로부터 승계 받은 것으로 보아야 하고, 다른 공동상속인으로부터 증여 받은 것으로 볼 수는 없다(대법원 2000두9731 판결).

공동상속인 사이에 협의가 성립하지 아니하는 때에는 각 공동상속인은 가정법원에 분할을 청구할 수 있다.

3. 증여

가. 증여의 뜻

증여는 당사자 한 쪽이 무상(無償)으로 재산을 상대방에게 수여하는 의사를 표시하고, 상대방이 이를 승낙함으로써 효력이 생기는 계약이다(민법 제554조).

증여는 계약이라는 점에서 일방적인 법률행위인 유증(遺贈)과 구별된다. 그리고 유증은 유언자가 사망한 때에 효력이 생긴다는 점에서도 증여와 다르다.

나. 증여의 해제

증여의 의사가 서면(書面)으로 표시되지 아니한 경우에는 각 당사자는 증여계약을 해제할 수 있다.

수증자(受贈者)가 증여자 또는 그의 배우자나 직계혈족에 대한 범죄행위가 있는 때 또는 증여자에 대한 부양의무가 있음에도 이를 이행하지 아니한 때에는 증여자는 증여계약을 해제할 수 있다. 이 해제권은 해제의 원인이 있음을 안 날로부터 6월을 경과하거나 증여자가 수증자에 대하여 용서의 의사를 표시한 때에는 소멸한다.

증여계약 후에 증여자의 재산상태가 현저히 변경되고, 증여계약의 이행으로 인하여 생계에 중대한 영향을 미칠 경우에는 증여자는 증여계약을 해제할 수 있다.

앞에서 살핀 증여계약이 해제되더라도 이미 이행한 부분에 대하여는 아무런 영향을 주지 않는다.

다. 특수한 증여

정기(定期)의 급여(給與)를 목적으로 한 증여는 증여자 또는 수증자가 사망하면 효력을 잃는다(민법 제560조).

증여자가 사망하면 효력이 생기는 증여를 사인증여(死因贈與)라고 하며, 사인증여에는 유증의 방식에 관한 규정을 제외하고 유증에 관한 규정들을 준용한다. 유증은 「민법」 제1073조 내지 제1090조에서 규정한다.

저자

• 행 정 사 · 법학박사 김 동 근
[대한민국 법률전문도서 출간 1위 : 한국의 기네스북 KRI 한국기록원 공식인
증저자]

숭실대학교 법학과 졸업
숭실대학교 일반대학원 법학과 졸업(행정법박사)

현, 숭실대학교 겸임교수
행정심판학회 학회장
국가전문자격시험 출제위원
대한행정사회 중앙연수교육원 교수
경기대학교 탄소중립협력단 전문위원
대한탐정협회 교육원장
YMCA병설 월남시민문화연구소 연구위원

전, 대통령후보 디지털성범죄예방 특별위원회 자문위원
서울시장후보 법률특보단장
숭실대학교 행정학부 초빙교수
대한행정사회 대의원
공인행정사협회 법제위원회 법제위원장
공인행정사협회 행정심판전문가과정 전임교수
중앙법률사무교육원 교수

저서, 출입국관리법 이론 및 실무(법률출판사)

외국인출입국사범심사 이론 및 실무(법률출판사)

실전 형사소송 실무편람(법률출판사)

고소장 작성 이론 및 실무 (법률출판사)

사건유형별 행정심판 이론 및 실무(진원사)

사건유형별 행정소송 이론 및 실무(법률출판사) 외 70권

• 변호사 최 나 리

성균관대학교 법학과

대법원 사법연수원 수료(41기)

인천지방검찰청 부천지청 검사직무대리

수원지방법원 민사조정위원

현, 법률사무소 로앤어스 대표변호사

저, 외국인출입국사범심사 이론 및 실무(법률출판사)

한권으로 끝내는 민사소송준비부터 가압류 강제집행까지(법률출판사)

누구나 꼭 알아야 할 기본법률상식

2025년 2월 5일 초판 1쇄 인쇄
2025년 2월 20일 초판 1쇄 발행

저   자   김동근 · 최나리
발 행 인   김용성
발 행 처   법률출판사
            서울시 동대문구 휘경로2길 3, 3층
            ☎ 02) 962-9154   팩스 02) 962-9156
등 록 번 호 제1- 1982호
ISBN   978-89-5821-453-3   13360
e-mail ：   lawnbook@hanmail.net

정 가 15,000원